RUDOLF STEINER

全てのはじまり
シュタイナー

その予言、教育、そしてライアー

今井重孝・今井啓子
秋吉まり子
Imai Shigetaka・Imai Keiko
Akiyoshi Mariko

ヒカルランド

秋吉　没後100年の今、シュタイナーのお話は一周回って最先端みたいに感じます。農薬とか化学肥料をさんざん使った後、やっぱり大地の力とか星々の動きは大事だよねということで、今、シュタイナーの提唱したバイオダイナミック農法というのがまた注目されています。

今井　シュタイナーは、あらゆる領域で最先端のことを言っていた。

今井

シュタイナーは、ウイルスにしても、生き物であると同時に霊的な存在だというふうに主張しています。実は神々は、ある人の体の中にウイルスを突然つくることが簡単にできるんです。

ウイルスを敵だと思わないほうがいい。

今井――シュタイナーは、臓器も1つずつ生き物として連絡し合っているし、細胞同士が会話しているということも言っていたわけですが、つい最近、全部コミュニケーションしているということが科学的に証明されましたね。

秋吉

臓器がそれぞれ固有の〝ひびき〟を持っていて全体で一つのハーモニーを産み出していて、ウイルスはそのハーモニーに新しい楽器を加えたようなものなのかもしれませんね。

秋吉

シュタイナーは講演の中で「音体験そのものを拡大すること、つまり、音体験に対して深みに入っていくこと、あるいは、音から何かを取り出すこと、音そのものの中に何かを体験すること、1つの音からメロディーとしてあらわれる体験。音が鳴るときに、その音からメロディーが流れてくる」と言っていて、ユニゾン体験を重視しているんですが、まさにこれだなと思ったんです。

今井　音というのは、波動と思ってしまうけれども、波動というよりは、生きているものなんです。音は霊的なもので、人間にとってあらわれる表現としてあって、実際の音が響いているときは波動になっているところもあるでしょうが、波動のもとは生き物なわけですね。だから、生きた存在自身に接触することができたとき、先ほどおっしゃられたような深みに達する。

今井

普通は霊的な世界には入れないわけですけれども、ライアーのような特別の楽器の場合は、そういう音を表現できたりするわけです。そういうものは少ないわけですが、かつては宇宙音楽ということが言われていて、病気を治すために使われたりしていたんですね。

今井　「生命エーテル」という表現をしたりするんですが、目に見えない世界に生き物がいるわけです。それは生き物として明らかに存在しているけれども、目に見えない。音というのは生き物で、霊的な力があると直接接触できる、そういうものなんです。だから、普通の人にはなかなか感じられないところではありますね。

秋吉――オイリュトミーというのは、シュタイナー学校の教科の1つで、身体芸術ですね。

今井――「オイ」というのは「よい」、「リュトミー」はリズムという意味なので、「よいリズム」ということです。よいリズムを体で表現する。

秋吉――そのときにシュタイナー学校ではライアーを使って子どもたちに教育をしているんですね。

今井　だから、進化の過程と密接につながっているんです。

秋吉　声の力が弱まったから楽器をつくったと、先生から聞いたような気がするんですが。

今井　それはちょっとわからないんですが、ひょっとして言ったかもしれない。未来はオイリュトミーを基本とした芸術が一般化するだろうというふうに言われています。体を動かすだけで言葉が表現できて、それを見るだけで言葉が伝わる。そういう時代が来るということも言われています。

ライアーニスト秋吉まり子さんとの出会い

今井啓子

２０１８年6月9日は、夫今井重孝がまり子さんにお会いするきっかけとなった日である。

それは、『ホピの予言』の自主上映会でのこと。

今から約20年前に町田市内のお寺さんで、私は『ホピの予言』の小さな自主上映会をしたのだが、その時の感動が忘れられず、無性にもう一度『ホピの予言』の映画の自主上映会をしたくなった。２０１７年、映画を観たくなっていた私は、何気なくFacebookをめくっているうちに『ホピの予言』上映会の案内が目にとまる。それは、ライアーニスト秋吉まり子さん姉妹が主催の上映会だった。

このタイミングに上映会が開催されているとはなんとラッキーなご縁

なのだろうと思った。上映会後に、まり子さんがライアーを奏でていた。なんという清らかな音なのだろうと私は新鮮な喜びを感じた。まり子さんと私が最初に出会った日である。

２０１８年６月９日、同じ町田のお寺さんで『ホピの予言』２度目の上映会を開催した。『ホピの予言』とはアメリカ先住民と核の問題を通して、行き過ぎた現代物質文明に警鐘を鳴らす、大地と命をめぐるドキュメンタリーである。

夫は上映会の休憩後の時間に、『ホピの予言』とシュタイナー思想との繋がりを語った。そしてその後、まり子さんに町田での上映会でライアーを演奏していただいたのだ。この日２０１８年６月９日（２度目の上映会の日）がまり子さんと夫が出会った最高の一日めである。
『ホピの予言』とシュタイナー思想と夫との繋がり、シュタイナーが提案した弦楽器であるライアーとまり子さんと私と夫との繋がり、繋がりから繋がりへと続いていく不思議な幸せを感じていた。無性に『ホピの予言』の上映会をしたくなった衝動に感謝している。これらのことを私はサムシンググレートに導かれていく一つの物語の序章だと確信している。

『ホピの予言』の監督、宮田雪（みやたきよし）氏が書いた『未来へ続く道』〜『ホピの予言』に私を導いたもの〜という冊子がある（特集・（いのち）の声をきく１９８７年５月発行）。宮田監督の『ホピの予言』の映画ができあがるまでのいきさつの話を読んで深い感動を覚えたのである。

　そして今、まり子さんが発案なさったレムリアンハープに触れて、この音に癒されることに感謝している

補足　デニス・バンクス（米国先住民族のリーダー）の言葉。１９８６年、映画『ホピの予言』が公開され、人間と「マザーアース」と呼ばれる惑星の間に存在する微妙な関係性が、世界に知らされました。この映画は、世界中で起きている原子力災害の警告を、人間が無視した場合に

何が起こり得るかを予言したのです。それは25年後の２０１１年に現実となりました。人間が初歩的な精神的祈りを無視し続けるならば、母なる地球はしっぺ返しをします。その時、人間が救われることはないでしょう。

２０１４年10月16日に寄せられたメッセージより

目次

Section8
ライアーの音は生き物であり、宇宙音楽である！

Section9
悪魔の誘惑と第三の目覚め！

カバーデザイン　デザイン軒　吉原遠藤
本文仮名書体　文麗仮名（キャップス）

時・２０２２年３月14日（月）
於・イッテル珈琲

Section 1

シュタイナーが、生きる目的を明確にしてくれた！

シュタイナー的自己紹介

秋吉まり子　シュタイナー的な自己紹介の仕方があるということですが。

今井重孝　そうなんですよ。ドイツにシュタイナー系の病院があるんですが、そこを訪ねて院長先生に当たる方にインタビューさせていただいたときに、今までどう生きてこられたのかというような質問をしたら、「それはすごく重要なことだ」とおっしゃったんです。

要するに、自分が何を求めて、何をやりたいと思って生きてきたのか、今までやってきたことをどういうふうに自分で位置づけているのか。そういうことをお互いに知り合うことによって初めて、お互いを理解することになるということなのです。

そういう意味で、シュタイナー的自己紹介というのは、自分が一番大事にしているもの、このために自分は生きているという1本筋が通っている部分について、自分は今までどう生きてきたのかを語るのが大事なことなのです。

それ以降、自分が何のために、何を求めて、何をやりたくて、今、生きているのか、生きている究極の目的は何なのか、何をやったら一番元気になるのか、そういうところを中心にお互いに話をすることがすごく大事だと思っているんです。

秋吉　自己紹介というのは、自分の社会的な立場とか学歴とかではないということですね。

今井　そうです。ですから、自分が何のために、何をしたくてここに生まれてきたのか、その辺のことを語って自己紹介とさせていただきたいと思います。

私がシュタイナー教育と出会うまで

今井　私の両親は、普通の人でしたが、信仰に厚いタイプだったので、小さいころからいろんなところにお参りに行ったりしていて、そういう世界は身近だったんです。

その影響もあるのではないかと今は思うんですが、小学校のころから、自分は一体何をしたくて生まれてきたのかということを知りたくなったんです。

小学生でこんなことを思うのはまれなのかもしれないけれども、それが中心的な悩みというか課題になっていて、その結果として、高校1年生のときに、キリスト教の教会に通いたいと父親に言ったら、日本の宗教を信じていた人なんですが、自分がそれがいいと思ったらやればいいけれども、選んだからには最後まで責任を持てと、結構厳しいことを言われたんです。

始めたからにはずっと続けなければいけないということで、高校1年生のときにプロテスタントの洗礼を受けて、それ以降、キリスト教とは密接なかかわりがあります。

ところが、大学に入ったのがちょうど学生運動が盛んな時期で、大学は封鎖されるし、同級生が頭を殴られて入院したりという状況になってしまったんです。

私は暴力的なことをやるために入学したわけではなくて勉強しに来たのにと思うと、何のために生きているのかということがわかりにくくなりますよね。

実際に殺し合っているわけだし、入試も中止になるし、いつ、どうなるかもわからない。

学生運動をやっている人たちはどうして確信を持ってそんなことがで

きるのか、私には理解できないので、それを知りたくて、まずは彼らが言っている思想、マルクスとか共産主義の根底を勉強してみて、それで判断するしかないということで、ヘーゲルの哲学とかを勉強したりしていました。

そういう中で、聖書に書いてあることは確かにすてきなことだけど、この現実とどういう関係があるのか、説明ができなくなって、聖書が読めなくなってしまったんです。

聖書というのは、歴史というより宗教的ですよね。現実がこうなっていて、全く関係のない世界になってしまっているので、どうやって生きるのかという答えが見えなくなってしまったわけです。

それで、現在の知識全体を学んで、その上で、これが正しい生き方だというのを判断しようという目標を一応立てて、教育学部を選んだんです。

教育に強い関心があるからではなかったのです。

教育学というのは、教育社会学とか教育心理学とか教育哲学とか、いろんな分野が全部入っているんです。

全部を勉強したいと思う人間にとっては、教育学を学ぶといろんな学問が勉強できるので、これがいいと思ったということです。

そこで勉強し始めたんですが、これじゃ全然ダメだ、こんな勉強をしたって、人生いかに生きるべきかという問いに対する答えは出てこないということにだんだん気づいて、じゃ、どうやったら生きる目的がわかるような本当の学問が成立し得るのかと悩み始めたわけです。

そのときに、いろんないい先生方との出会いがあったりして、結果的にシュタイナーという人物を知ることになったんです。

一番最初は『ミュンヘンの小学生』という本を読んで、シュタイナーの魅力というのをすごく感じたんです。

私は自分が受けた教育が大嫌いで、あんな勉強をしてもしようがないという感じだったんですが、自分がもしこの学校に通っていたら、自分の人生をどう生きるかが、すぐわかったんじゃないか、こんないい学校があるなら行きたかったなと思ったんです。

それで、勉強会をされている先生方のグループが3つあったうちの1つに通い始めたんですが、そこに集まっている人たちはすごく進んでいて、シュタイナーの思想で一番おもしろいのは教育のところではなくて、いわゆるオカルトと言われている部分のほうが本当の人生の生き方につながるので断然おもしろいと言われたんですね。

そう言われても、いわゆる科学的な学問が正しいと思っていたので、オカルト的な話についていけなかったんですが、シュタイナー教育は正しいことをやっていると思ったんです。

そういうレベルだったんですが、折に触れて、オカルト的な部分というか、目に見えない世界のことについての文献を読むようになって、いろいろ読んでいる中で、シュタイナーが一番言いたいことはこれで、だからこういうことを言っているんだということが、おぼろげながらわかってきたわけです。

すると、これこそが生きるための思想につながっているという確信が出てきたので、その段階から、大学でもシュタイナー教育ということについて真剣に話すようになりました。

私が一時期キリスト教から離れてしまったのは聖書が読めなくなったからですが、また読めるようになるまで空白の期間がかなりあって、その間は学問中心に生きていて、それが身についてしまっているわけです。そシュタイナー系では、死んだ思想と生きた思想という言い方をするんですが、物質は基本的に生きてないと考えられていて、物質ばかり取り上げていると死んだ思想になってしまうけれども、人間は生きているわけですね。

生き物の法則と生き物じゃないものの法則は当然違うはずですが、学校教育は死んだものになってしまっているということです。

だから、教育を生きたものにするには、学校で学問を教えてはダメで、生きる力を引き出して元気になるようなことを教えなければいけない。

そういうことがはっきりしてきて、そのためには実際にどういうふうにやったら世の中がそうなるのか、あるいは学校教育をどういうふうにやり直したらいいのかを考えるようになりました。

シュタイナー教育の究極の目標は何か

秋吉　子どもたちを教育していくのに具体的な対策を実施しているのがシュタイナー教育で、先生はそこに引かれたわけですね。

今井　正しい、生きた教育をしているのがシュタイナー教育で、100年前にそれを始めたので100年の伝統があるわけですね。

なおかつ、時代に合わせてどんどん進化している。

これこそが真の教育だということに次第に気がついていったんです。

シュタイナー教育の一番根底にあるのは、人間とは何か、生きている人間をどう見るかということです。

死体を分析して医学をやるのではなくて、生きた人間にどう対処するのか。

それは全然違いますね。死体の医学も物質的な面では正しい部分はあるけれども、完全じゃないから、目に見えない部分と両方の関係を見ながら医療をしたときに、初めて本当の治癒が可能になる。そういう考え方なんですね。

実際にいろんなことを見たりやったりして、シュタイナーの深さが多少わかってくるに従って、自分はいかに浅薄で、何の勉強をしていたのかということに気がついていきました。

シュタイナーを読む人は、「読むたびに新しい感じがする」と、よく言うんですが、文章の中に熱が入っている生きた文章なんですね。読むと、こちらの心の状態が進化するんですね。だから、いつも新しく読む感じなので、常に新しい情報が入ってくるからだと思います。

そういう形で日々を送っているうちに、ここに人間が生きるための目的をはっきりと設定してくれている教育が存在している。

日本の教育全体がそういうふうに変われば社会全体も変わる。

自分が一番最初に思っていたものがシュタイナー教育の中にあって、それを実現していくことに多少なりとも寄与するのが自分の生きる目的だというふうに感じて、そういう考え方を1人でも多くの人に伝えたいという気持ちが強くなったんです。

そして、今は、それが自分が生まれてきた使命で、自分はそれを実現するために生まれてきたんだと確信を持っています。

秋吉　確信が持てるというのは、すごいですね。

啓子さん（今井夫人）の自己紹介

秋吉　啓子さんも、自己紹介をお願いします。

啓子　私も、自分は何のために生まれてきたのかなと思っていたんですが、中学生の終わりごろに、私だけじゃなくて人類はみんな地球を守るために生まれてきたんじゃないかと、私なりの答えが出て、ずっとそう思っていたんですが、そのためにはどうしたらいいのかというところがわからなかったんですね。

私はあまり勉強するほうではなかったんですが、中学校の歴史の授業で四大宗教というのが出てきたときに、それって違うんじゃないかなと思ったんです。

宗教があるのに戦争や争い事があるのはおかしいんじゃないか、宗教じゃないもので、私たちがみんなで学べて、本当に楽しい社会をつくれるものが何かあるんじゃないかなと、ひそかに思って、ずっと探していたんですね。

でも、地上生活の遊びとか誘惑に負けて、何かするわけじゃないけど、お友達と楽しい話をしたりするのに時間を費やして、ふっと我に返って、そうだ、探さなくちゃと思うことの繰り返しで来てしまったんですね。

学校を卒業したときに友人から、シュタイナー教育で有名なシュタイナーさんが宇宙哲学のことを言っているということを聞いていたんですが、ある日、朝日新聞の朝日カルチャーの広告を見ていたら、ある広告だけがスーッと上に上がってきて、そこに書いてあったのが「シュタイナーの神智学を読む　高橋巖」という文字だったんです。

びっくりして、シュタイナーさんは神智学についても書いていたんだな、朝日カルチャーだったら入学試験もなくてお金を払えば誰でも受講できる、こんなオープンな世界に私は生きていたんだ、知るのがちょっと遅かったけど、結構いい世の中じゃないかなと思って通い始めたんです。

その本を読むのに2年半ぐらいかかったのかな。

高橋先生はいろんなところで講座をしていらして、神智学は横浜だったんですが、私は社会をどうしたらいいかという直接的なことが好きだったらしくて、私が一番関心があったのは「社会の未来」という講座だったんです。

私はシュタイナーさんのどういうふうに社会を見るかという考え方にすごく感銘を受けたんですが、皆さん、教育のほうにすごく熱心で、子どもには自分が受けられなかった教育を受けさせたいなという熱い思いのお母様方が多かったんです。

でも、私は皆さんより年齢がちょっと高くて子どもがもう大きかったので、シュタイナー教育といってもうちの子どもたちにはと思ったんですが、私は今のやり方じゃない学校に子どもたちを連れて行きたかったので、子どもたちには、フリースクールもあるしとか、不登校のすすめを一生懸命したんですね。

でも、2人の子どもは公立学校が大好きだったので私の話は聞いてもらえなくてショボンとしながら、「社会の未来」について考えている人はいるかなとか考えていたんですね。

話は飛ぶんですが、最近、ある本を読んだら、「こんなことを書いてあるけど違うじゃないと神様に怒った」と書いてあったので、私もこんな年齢になったので怒ることにしようと思って、「神様、私は中学生のころからずっと私なりに地球を守りたいと思ってきたけれども、何もできないじゃないか。どうしてくれるんだ。私が生きているうちにわかりやすく教えてくれないと困る。私は怒っている」と文句を言ったんですね。

そしたら1週間後ぐらいに、朝起きたら、大蛇の目から透明の真四角の画面がサーッと出てきて、そこにシュタイナーさんがあらわれて、

「もし本当に地球を守りたいのだったら、バイオダイナミック農法をやってほしい」と言ったんです。

透明だから、現実の部屋も映っていて、シュタイナーさんのちょうど後ろに夫が立っていて、何か話しかけてくるので、「今、大事なところだから。ちょっと黙っていて」と言ったんですよ（笑）。

でも、本当にシュタイナーさんかどうかわからないので、「もし本物だったら笑ってください」と言ったら、ニコッと笑ったので、無意識がそういう形にさせたのかなとも思ったんですが、本当だと思うことにしたんです。

私は地球を守りたいということ、それから、神様からお願いされるような人になりたいということを、中学生のころからずっと思っていたんです。

その2つを知っているということは私のハイヤーセルフかなとも考えたんですが、素直に捉えて、まだ寿命が少しあるだろうから、それをやることが私の使命だといいなと思っています。
聞いていただいてありがとうございます。

秋吉まり子さんの自己紹介

秋吉　私は、ソウルサウンドライアーという楽器の演奏家です。

２０２１年７月７日に日本レムリアンハープ協会というのを立ち上げて、地球に役立つレムリアンハープという楽器を考案して一生懸命広めようとしています。

実は私の母方の家系はみんな教育者なんですね。

祖父は神童と言われたような人で琉球大学をトップで出ていて、哲学的なことにものすごく興味を持っていたそうです。

母に対しては、体が弱かったのであまり勉強しろとか言われずに、ただかわいがってもらいながら、毎晩晩酌の時にお父さんがキリストや釈迦やいろいろな哲学者の話をするのをワクワクしながら聞いて育ちました。

実はこの本のお話が決まった時に、うれしくて母に「お母さんは知らないかもしれないけれど、青山学院大学のシュタイナー教育の名誉教授の先生と本を出すことになったよ」と話すと、母が「あら、私シュタイナー知っているわよ、父（私にとっては祖父）がよく話してくれていたから」と言うではないですか。

どうやら、祖父はどんな経緯なのかわかりませんが、戦前にシュタイナーについての本を手に入れて独自に学んでいたようなんです。

それが原因かどうか解りませんが、祖父は戦時中憲兵が来て「赤だ！」と言われて、連れていかれてしばらく帰ってこれなかったそうです。

その時に本を全部持っていかれてしまいました。

よほどひどい目に会ったのか、その後はあまりそんな話をしなくなってしまったそうです。

母が幼い頃に聞いたシュタイナー教育のエッセンスを、私は知らぬ間に受け継いでいたのかも知れませんね。

今井先生と初めてお会いして二言三言お話しただけで「あ、世界を知っている方だ！」と直感したんです。

私は4人きょうだいなんですが、私たちを育てるときには、母は、自分が体が弱かったこともあって健康法とかにもとても研究熱心で、「小学生はみんな、近くの公園を2キロぐらい走ってから学校に行っているのよ」と洗脳してやらせるんです。

洗脳の仕方も、哲学とか心理学を多少かじっているから、とても上手で、本当に母の手の上で転がされるように、いつの間にか玄米菜食をして、水風呂に入ってという生活をしていました。

そんな中でも、母は母で自分が興味があることに忙しかったということもあって、私たちきょうだいは割とほったらかしで好きなようにさせてもらっていました。

それがちょうどよかったらしくて、外で走り回ったり、水風呂を浴びたり、体にいいものをとっていたせいか、私は本当に小さいときから木や動物とお話をしたりしていて、星を見上げると、そこからそれぞれの音が聞こえると思っていたんです。

自分が軽やかで幸せな気分になっていると、天使がささやいていたり、妖精がフワッと飛んでいくのが見えたり、そんな感覚になるんですが、逆に、イヤなことがあって人を恨んでしまったり、ネガティブなところに自分が落ち込むと、そういったものが見えなくて、どんどんイヤなものが見え始めるんです。

俗に言う、目に見えないはずの悪霊というんですか、重たい、黒いものが落ちていたり、そんなものが見え始めて、怖くて怖くて、天使に向かって、「私が一番怖くて寂しくて不安なときに、どうしてそばにいてくれないの。そういうときにいてくれるのが天使でしょう」と怒ったんですね。

そしたら天使が「いつも変わらず、ずっとそばにいるよ」と言ってくれたんですね。

そのときハッと気がついたのは、私の波動がネガティブな低いほうに落ちてしまっているから、彼らが見えなくなっているんだ、私が、楽しい、幸せだな、ありがたいと思っていると、天使たちのメッセージが見えるんだということに気がついたんです。

それからは、子どもなので、うまくできたりできなかったりするんですが、できるだけ物事のいいほう、自分が気持ちいいほう、幸せになるほうということに気をつけて生きてきました。

今井先生と知り合ってから解ったのですが、私のこの一見不思議な世界観は、100年も前にシュタイナーさんがすでに語っていらしたことだったんです。

そんな感覚の中で、人間の中にいるのが私は結構大変でした。

こうしなさいとか、これをやりなさいとか、これが普通でしょうというのを求められると、生きるのがとてもとてもつらくて、それができない自分がまるで粗悪品みたいな気がしてしまって、ついつい人間の中にいるよりも動物とか植物と一緒にいる時間が多くなって、結局、私は普通の仕事は無理だと思って、馬と一緒に働けるということで乗馬クラブに就職したんです。

でも、けがをしてやめることになってしまって。

その後、私が人間である以上、人間世界から完全に離れることはできないので、人間の世界にしっかり染まらなくてはと思って、とても真面目な1人目の旦那さんと結婚したんです。

でも、彼が言ういい奥さん、いいお母さんになろうと思って一生懸命努力しても、なれないんです。

外へ行くと、「あの木が登っておいでと言っているから、登ってらっしゃい」と子どもたちに言ってしまう。

あるいは、うちの娘が小さいときに、私は赤ちゃんの気持ちがわかるので、お砂場で遊んでいるときに洋服が邪魔そうだったので、ああ、そうかと思って、暖かい日だったので裸んぼにして砂場に置いたら、彼女はすごく気持ちよさそうに砂の感触を感じながら遊んでいたんです。

でも、公園の砂場は、猫が糞をしたりオシッコしたりするので、きれいではないじゃないですか。

周りにいたお母さん方から、「あなた、何をやっているの」と、すごく怒られたりして、やっぱり私はちょっとおかしいのかなと迷いの世界に入ってしまうんですね。

そうこうするうちに子どもたちが小学校に上がって、上の子はとても賢いので周りに合わせることができたんですが、下の子はものすごいピュアな子で、みんながいじめている男の子をわるく言うことができなかったんですね。当たり前ですよね。

でも、そのいじめられている子が転校したら、自分がいじめられるようになって、学校に行くことをやめたんです。

そのころの私は、私がおかしいから娘が不登校になったんだ、私がちゃんとしたお母さんじゃないから、この子の人生をダメにしてしまったと思い込んで、うつ病とパニック障害を起こして家から一歩も出られなくなってしまったんです。

ただ、娘を見ると、魂がものすごくきれいで、すごくすてきな子なんです。

そこで、この子をダメだと言っている社会がおかしいんじゃないかと、ハッと気がついたんです。

おかしいと思う前に、私、社会のことをよく知らないということに気がついて、社会のことを知らないのに社会がおかしいと言うのもおかしいな、ちょっと社会を見てこようと思ったんですね。

そうしたら少し元気が出て来て、娘は昼夜逆転していて午前中は寝ていたので、丸の内のオフィス街に朝30分間、英語だけでしゃべる英会話カフェというのがあったので、そこに行ったら世界のトップを走っているような人たちにきっと会えるに違いないと思って通い始めたんです。

そこでは、「私の娘は、今、学校に行ってなくて、私以外とは一切しゃべられない。もしかしたら、このまま大人になるかもしれない。あなたのように社会でバリバリ働いて成功している方は、どんな人と一緒に仕事をしたいですか。私は娘をそんな人に育てます。そしたら、あなたみたいにすてきな人と一緒にこの社会をつくっていく、求められるような人になるんじゃないか思うので、お願いだから教えてください」と、端から聞きまくったんです。

そしたら、皆さん、すごく親切で、当然ですが、不登校の娘がいると言っているので、「学歴」と言う方は誰もいらっしゃらなくて、「何かが起こったときに人のせいにするんじゃなくて、どうすれば乗り越えられるかということを考えられる、そういう発想を持つ人」とか、「自分の足りない部分は何かというのを見極めて、ちゃんと自分を育てられる人」とか、「周りの人たちと一緒に仕事をして、何かをなし遂げようという意識のある人」、そんな話をしてくれたんですね。そんな目で娘を見たら、あれっ、うちの子、大丈夫と思ってしまったんです。

学校ではうまく適応できないかもしれないけど、この子、社会に出たら逆におもしろいんじゃないかと思うようになって、すごく安心して、私自身も外に出るのが楽しくなってきたんですね。

ライアーのおかげで、祖父と母が大切にしていたシュタイナーの魂と今井先生を通じて再会できたように思っています。

ちょっと長くなってしまいましたが私が何を大切に思っているかというと、普通と言われている枠にはまらなくても、十分に幸せで楽しく生きることはできるということを音で伝えていきたいなと思っているんです。

ただ、みんなそう思って、哲学をやったり、いろんな学校をつくったり、みんな一生懸命やっているのに、何でできないのかなとも思ったんですね。

それでソウルサウンドライアーの話になるんですが、私自身、娘が不登校になって迷ったときに、自分を責める行動をやめられなかったんですね。

私の母が体のことをよく知っている人だったので、体を動かしてみたり、食べ物に気をつけてみたり、瞑想をやってみたり、どんなにいいと言われることをやっても、頭の中で自分を責める声が止まらなかったのが、ライアーを弾いたときだけは、ピタッと止まったんです。

このきれいな音、1音、生まれて、スーッと消えていくところまで、ただそれを聴いているときだけは自分を責める声がピタッと聞こえなくなって、これだ、と思ったんです。

ほかの人は別のやり方で自分を認めていくことができるかもしれないけれども、私と同じように頭の中で自分を責めたり否定する声が聞こえ続けてしまうような人の何割かは、もしかしたらライアーという楽器でその声を止めて、もしかしたら自分はすてきなものじゃないかと思えるようになるんじゃないかなと思ったんですね。

なぜかというと、ライアーを弾いているときは、自分を責める声が止まるだけじゃなくて、きれいな音が流れるんです。

私は小さいころから波動が人一倍気になっていたので、自分が弾くライアーを聴いた母とか子どもの波動がフワッと上がるのが見えたんです。そのとき、「私がやっていることがきれいな音になって、しかも、周りの人の気持ちを明るくする。私、役に立てるかもしれない。この形だったら地球で人の役に立つ善い存在として生きていくことができるに違いない！」と、思い込んでしまったんです。

そしたら、自分に少し自信が持てて、だんだん調子に乗って、「すてきな音ですね。ここに来て弾いてください」と言われると、「行きます、行きます」と、金銭とかは一切関係なく、聴きたいという人がいたら、本当にどこでも行っているうちに、たくさんのすてきな方にお会いできるようになったんです。その中のお1人が今井先生です。

今井 私、あなたにお会いして、初めてライアーを聴いたときのことをすごくよく覚えているんです。

秋吉 いやー、うれしい。

今井 あのとき、体調が悪かったんでしょう。

秋吉 そうなんです。本当に珍しく具合が悪くて。

今井 でも、弾いてくださって、そのとき、天界の音楽というのは存在するんだと、本当に思ったんです。

秋吉 うれしい！　青山学院大学の名誉教授が、「これは天界の音楽ですね」と言ってくださるなんて。

私、肩書が何もないんです。ただ、小さいときから、動物が好きで。

今井 そういう人のほうが能力があるんです。悪い教育を受けないというのが一番大事。

秋吉 ありがとうございます。そういうふうに今井先生に言っていただいたおかげで、自分に自信が持てるようにちょっとなったんです。

今井　いや、もともとあるんですよ。

秋吉　先生は私からすると雲の上の人なのに、全く上下なく、本当にすばらしい音楽ですねと言ってくださったのが、私にはものすごく自信になったんです。

今井　初体験で、体がすごい感じちゃった。だから、驚いた。

――今井先生との出会いはいつごろだったんですか。

秋吉　２０１８年の『ホピの予言』の上映会の時ですね。

私がやれることは何だろうと考えたら、私は人に楽しい場をつくることが得意だと思ってイベントをやり始めたんです。

Section 2

「ロシア文化が次の時代を担う」とシュタイナーは予言していた!?

ルドルフ・シュタイナーとは、どんな人?

今井　ルドルフ・シュタイナーは、1861年に生まれて、1925年に64歳で亡くなっています。

シュタイナーのお父さんはオーストリアで仕事をされていたんですが、結婚してはいけないという条件付きだったので、子どもが生まれることになってやめなければいけなくなって、逃げ出して結婚して、ハンガリーに近いところで生まれています。

秋吉　逃げ出した先がハンガリーだったんですか。

今井　そうです。だから、親のほうも全く初めてのところに行っているので、シュタイナーは故郷を持たない人として生まれていて、故郷喪失者というふうに呼ばれています。だから、地球人であり、宇宙人になれるんですね。

そして、毒殺されて亡くなっています。これはヒトラーが出てきたころとも関係していて、ヒトラー系の人たちから暗殺されたんです。

秋吉 ある意味、ヒトラーの思想に都合が悪かったということですね。

今井 とにかく人を殺すという流れの人たちが、シュタイナーの考え方は自分たちと対抗しているから、やっつけないと自分たちが危ういということで狙われたと言われています。だから、生まれたときも死んだときも、すごくいわくつきなんです。

それだけではなくて、彼自身が弟子たちに語ったと言われている内容ですが、前世はどういう存在だったのか弟子に聞かれたときに、それに対する答えとして伝わっているのは、一番最初はアリストテレスだったと。ソクラテス、プラトン、アリストテレスの3人がギリシャ哲学の中心人物で、それを総合して全体をまとめたのがアリストテレスです。

その後、中世には、トマス・アクィナスという宗教史の中では一番重要な人物が、シュタイナーの前世だったということです。

人類史の中でアリストテレスはいまだに重宝されているわけですし、トマス・アクィナスはアリストテレス派の神学を確立した人物で、それはそれでキリスト教全体にすごく大きな影響を与えている人物なんです。

だから、哲学を統合している人と、宗教を統合している人、アリストテレス系の神学を確立した人、今度は未来を統合する人としてシュタイナーが生まれてきているということからしても、まさにその時代の頂点の役割があるわけです。

弟子のある人が「来世も一緒の時代に生まれたいと思っていますが、できるでしょうか」とシュタイナーに聞いたら、「炎に焼き尽くされた地面を裸足で歩く気持ちがあれば、一緒に生きましょう」と言ったそうです。

シュタイナーの歴史観からすると、やがて地球は滅びて別の星に変わることになっているので、その最後の段階で一旦滅びるときの様子と連動しているように思われるんですが、彼は、自分は今度いつごろ生まれ変わるかがわかっているわけですね。

秋吉　シュタイナーは、未来を見越していたということですね。

今井　そうなんです。しかも、もともと霊能力を持って生まれていて、小さいころに、ある奇跡というか、ある出来事を体験したんです。

でも、親がそういうことを全く信じない人たちで、親に言っても、何を言っているんだという感じで全然相手にされなかったので、誰にも話せなくて悶々としていたわけです。

その出来事というのは、駅で列車を待っていたときに、目には見えない、幽霊のような女性が出てきて、「あとはよろしく頼む」みたいなことを語りかけられたんですね。

それが誰だか全然わからなかったんですが、あるとき、実は自殺した親戚のおばさんがいて、その人が自殺する前に自分に会いに来たということがわかったんです。

そういう経験もしているので、霊的な能力を持ちながら、話す相手もいなくて、孤独な中で過ごしていたわけですが、後に、そういう能力のある人たちと出会います。

そんなに教育熱心な親ではなかったんですが、適切な校長先生とか、霊的な薬剤師みたいな人とも出会います。

秋吉 今、シュタイナーさんのガンのお薬とか出ていますね。

今井 そうですね。シュタイナーはガンにすごく効く薬を発明していて、今、日本でも承認されています。

――その薬は何という名前ですか。

今井 「エスカドール」という名前で、これは世界的に広まっています。

シュタイナーの一生自体がすごい感じなんですが、さらに、薬に詳しい人から霊的能力がトップレベルの人を紹介されて、その人の弟子になって訓練されることで、今まで歴史的に語られていた霊的な話を全て吸収していくわけです。

その導師に、「40歳になるまでは霊的な話はしてはいけない。まずは、今の学問で使っている言葉で表現すべきである。そうしないとダメになる」と言われて、それを忠実に守って人生を生きていきます。

だから、40歳以前のシュタイナーと40歳以降のシュタイナーは、前期と後期みたいな感じで区別されたりします。

秋吉 40歳を過ぎてからは、講演の数もすごいですよね。

今井 そうですね。霊的なことも話せるようになったので、40歳を過ぎてから、講演会を5000回以上やっています。

秋吉 64歳でなくなったんですから、24年間に5000回。すごいですね。考えて話したり、つくっていたら、そんなにたくさんできないですよね。本当につながっていたんですね。

今井 話すことがいっぱいあって、この話をするには、あと1カ月かかるという感じで一部だけ話しているんです。幾らでも話せるみたいです。

秋吉 また、その当時、聴衆がものすごくたくさん集まったんですよね。

今井　そうです。特に「ゲーテ研究」なんかだと、何千人と集まって、当時としてもすごく注目されていた。

秋吉　100年後の今、シュタイナーのお話は一周回って最先端みたいに感じますね。農薬とか化学肥料をさんざん使った後、やっぱり大地の力とか星々の動きは大事だよねということで、今、シュタイナーの提唱したバイオダイナミック農法というのがまた注目されていますものね。

今井　今、いろいろ肯定されて、新しく評価されているものがいっぱいあるんです。シュタイナーは、あらゆる領域で最先端のことを言っていた。

秋吉　最先端を行き過ぎていて、現代までわからなかった。そんな感じですね。

ウイルスは、生き物であると同時に霊的存在だから、ウイルスを敵だと思わず仲よくする

今井　シュタイナーは、教育だけじゃなくて、経済についても、ウイルスについても、いろいろ語っています。でも、今、ここで話すと、そんな話はちょっとという感じになるかもしれない。

秋吉　ここだからこそ話せるような気がするんですけど、どうでしょう。

今井　シュタイナーは、ウイルスにしても、生き物であると同時に霊的な存在だというふうに主張しています。神々は目に見えないじゃないですか。霊的な部分があっても、そこは目に見えない。実は神々は、ある人の体の中にウイルスを突然つくることが簡単にできるんです。

だから、ウイルスは、移るだけじゃなくて、そもそも自然につくる力

が人間の体の中でも働いているから、怖がったり、かかりたくないと思うと、そういうものにも反応してしまうこともあるんです。

秋吉 もしかしてウイルスを自分でつくっているんですか。

今井 そうです。そういう危険性も持っているものなんです。ウイルスは生き物だから、仲間として、仲よく対話している方もシュタイナー系の先生にはいます。

いろんな細菌がいて、善なるものと悪なるものと両方あることでバランスがとれているわけです。

一方だけにするとバランスが崩れるから、かえって悪いほうが残ったりする。

秋吉 善玉菌と悪玉菌みたいな感じですね。

今井 そうそう。体の中でちゃんとバランスをとっているのに、怖がったり、なるべく触れないようにすると、かえって免疫力が弱くなってダメになるということが起こり得るんです。だから、ウイルスを敵だと思わないほうがいい。

秋吉　仲間に入れる。

今井　そこにはすごく住みやすい場所があるからということでやってきて増殖すると、一応説明されています。

だから、近づけないようにしたり、敵だと思わないで、やってきたのか、しばらく仲よくして一緒に助け合いましょうみたいなスタンスで思っていると、なりにくいというか、そもそも大丈夫だ。

そういうことをシュタイナーは100年前に言っていたわけですが、今また、そういう考え方が強くなってきているみたいですね。

シュタイナーは、臓器も1つずつ生き物として連絡し合っているし、細胞同士が会話しているということも言っていたわけですが、つい最近、全部コミュニケーションしているということが科学的に証明されましたね。

秋吉　科学がシュタイナーの思想に後から追いついてきたという感じで

すね。

臓器がそれぞれ固有の〝ひびき〟を持っていて全体で一つのハーモニーを産み出していて、ウイルスはそのハーモニーに新しい楽器を加えたようなものなのかもしれませんね。

慣れた単調なハーモニーを聞き続けた後に、新鮮な音が入ると、音楽が突然生き生きと魅力的になることがありますから。

今井 今、古い科学じゃなくて新しい科学、生き物的な科学を進めなければいけないという方向で、急激に進歩している段階に入っています。

シュタイナーの思想が100年後にようやく実現されて、始まりが始まっているみたいな感じですかね。

今は、血液を調べれば、どこの部分がガンにかかっているかを即座に見ることができますね。

秋吉 今、現実にそうやって調べていますが、100年前に既に言っていたんですね。

今井 シュタイナーは、そういうことが全てわかっていたわけです。ライアーという楽器の存在も、シュタイナーは予言していましたね。

秋吉 そうなんです。実はライアーはシュタイナーは見ていないんですが、講演の中で「こういう楽器が生まれてくるであろう」と、ある意味、予言していたものを、音楽家と彫刻家の方でつくり上げたのがライアーという楽器です。

もう見えていたんですね。

かなり正確に予言していたんですね。

シュタイナーはソ連崩壊も予言していた

今井　正確に予言していたことはほかにもあって、例えば、1917年にロシア革命が起こったんですが、彼シュタイナーはその直後に「ソビエトは必ず崩壊する」と予言したんです。

「次の時代はロシア文化期という時代になる」とも言っています。ロシア文化期とは、シュタイナー独自の長期にわたる時代区分でいう次の時代（今から1500年後）のことです。次の時代を担って、すばらしい時代になると予言されているわけです。とにかく彼の予言は当たるので、当たる可能性が高いかなと思っています。

今、ロシアは問題になっているわけですが、シュタイナーは、独自の長期にわたる時代区分として、インド文化期、ペルシャ文化期、エジプト・カルデア文化期、ギリシャ・ローマ文化期、第五文化期（西暦1413年から3573年）、ロシア文化期、アメリカ文化期へ、と2160年ごとに変化していくと考えられています。この説に従うと、ロシア文化期は西暦3573年から5733年ということになります。ですから、今から1500年ほど先にロシア文化期が訪れるということになります。

（※補足　2160年周期について～太陽が歳差周期は　春分点が黄道を一周する期間を言う。2万5920年。黄道は12の星座で割り当てられていて、2万5920年を12で割ると2160年。現在は2023年なのであと1500年で3573年です。今は魚座の時代から水瓶座の時代への移行期にあると言われている。）

ソビエト連邦は1991年に崩壊しましたね。

今、第三次世界大戦にかかわることが起きているのは、そのことが影響しているわけです。

秋吉　ロシアによるウクライナ侵攻ですね。

今井　ソ連が滅びてロシアが全部権力者たちに乗っ取られてしまって、プーチンさんも食べるためにタクシー運転手をやっていたわけですね。国民がムチャクチャになってしまったので、それを救うために何とかもとに戻さなければいけないということでプーチンさんは頑張ったわけで、今のロシアの動きは、その連続としてあるんです。

それをロシアが戦争を始めたというような話になっているのは、実際はすごく問題であるというふうに言えないわけではない。

ロシア自身は、国民のために正しい形に戻そうと思ってやっているのに、敵にされてしまってと思っているので、いろいろ難しいわけです。

ともあれ、シュタイナーの予言が正しかったことは確かなんです。

秋吉　ロシア文化ということは、今のロシアの体制とか表面的なことではなくて、ロシアに脈々と受け継がれてきた文化がということですね。

今井　そうです。共産主義ではなくて、本当の人間の正しい生き方についてわかっている人たちが、実は内部でだんだんふえてきているということが言われています。

とにかく彼の予言は当たるので、当たる可能性が高いかなと思っています。

秋吉　じゃ、今の戦争も、もしかしたらそのためにやっているということでしょうか。

今井　そうですね。一見、非常に大変なことになっているけれども、実はそういうふうになるための前哨戦。

だから、ロシアはそういう役割としてすごく重要なんです。

今、アジアを中心に動いていますね。新しい世界の中心はイギリスとかのヨーロッパじゃなくてアジアで、特に日本がという話もあります。

彼は、未来の方向性についても、かなり当たることを言っているので、それもあるかもしれないという考えのもとに、じゃ、今、何をしたらいいかというふうに考える必要があるかもしれない。

一番大事なのは、教育と、民族性で戦うのではなくて地球人として協力し合う。この違いをどういう形で地上に実現するのかということが最大の課題なんです。

Section 3

シュタイナー的生長とは、
唯一的な、宇宙的な
人間になること！

シュタイナー学校は、地球上で二度と世界大戦を起こさないためにつくられた

秋吉 それだけ先を見越していたシュタイナーが提唱した「シュタイナー教育」は、一応子どもたちへの教育ということになっていますけれども、生きている間はずっと学び続けるので、全人類の土台になるような考え方のような気がするんです。

今井 そうですね。

秋吉 かかわっている親御さんや先生方も、ある意味、霊性がものすごく高くないと、子どもを健全に育てられないですよね。はたから見たときに、子どものためという言葉で周りの大人たちの霊性がどんどん上がっていくような仕組みも、もしかしたらシュタイナーさんは考えていた

のかなと思うんですが。

今井　もちろんそうです。まさにそれを考えていた。

シュタイナー学校は1919年に創設されたんですが、彼が亡くなったのが1925年なので、死ぬ直前につくっているんです。

第一次世界大戦が1914年から18年なので、第一次世界大戦が終わった次の年になります。

彼は第一次世界大戦が始まる前から、このまま行くと大変な戦争になると警告していたんですけれども、誰も受け入れてくれなくて、結局起こってしまって、予想外に4年も続いたわけです。

それで、自分たちの運動がまだ不十分だった、第二次世界大戦が起こらないためにどうするかということを、緊急事態としてやらなければいけないと思ったわけです。

それで、一番大事なのは教育だ。今の教育がおかし過ぎるのでこうなってしまったから、正しい教育に変えなければいけない。

人間が戦争を起こしているわけだから、それは大人たちが受けた教育が間違っていたことを証明している。

じゃ、どこが間違っていたのかということを指摘して、正しい教育を徹底的に丁寧にやっていこうということでつくったのがシュタイナー学校です。

秋吉 次の段階に行きましょうという宇宙の要請だったんでしょうね。

今井 そういうことだと思います。

とにかく平和な国にする。地球上では二度と世界大戦がないようにする。

そういう人間たちにするというのが一番の目的で、シュタイナー学校はつくられたということです。

そのためには、全く新しい教育方法を提示しなければいけない。

その一番根幹になるのは、基本的に人間とはそもそもどういうものなのか、人間にはどういう役割があるのか、なぜ人間は今こんな状態になっているのかという理由を読み解けないと、いい教育はできないということなんです。

秋吉　まさにシュタイナーが提唱している「人智学」を、実際に系統立って教育というところに落とし込んだのがシュタイナー学校なんですね。

今井　そうですね。彼は「一般人間学」というテーマで講義をしたりしているんですが、新しく学校をつくるときには、先生がわかっていなければ教育にならないから、先生になる人たち用に特別の講座を開いて、緊急でそういう話を集中的にやったわけです。

シュタイナーは、人間とはどういう存在なのかという話と、教育の手法は芸術的な教育であるべきだということを主張していて、さらに、一人一人が唯一性を持っているので、その一人一人の長所、持てる力を最大限発揮するのを手伝うのが本来の教育だ。

大人がこうだと押しつけるのではなくて、本人がどういう人生を生きたいのかということを読み取って、それを助けてあげるという教育に対する態度がなければ教育はできない。そういうメッセージが、具体的にどうしたらいいかを含めて非常に強力に語られているんですね。ただ、『一般人間学』という本は、人智学的な内容がどんどん出てきて、すごく難しいんですよ。

秋吉　シュタイナー関係の本は、とても専門用語が多くて、深過ぎて、その裏の背景を伝えようとするがためにどんどん専門的になっていて、一般の人たちがとても気軽には読めないような本が多いような気がしたんですね。

これからの世界、特にコロナの後の多様化した生き方を支えることが一番できて、それでいて調和する世界をつくるために一番近い教育のような気がするんですが、読み解くのがとても難しいんです。

なので、まずは興味を持ってもらって、どんな世界観なのか、その中でも自分が取り入れられるのはどんなことなのか。

そういうことが少しでもわかると、私の場合は楽器だったんですが、そこを取っかかりにしてシュタイナーの世界に踏み込んでいくことができて、行く行くは世界平和につながるんじゃないか。

そのために、この本が、その取っかかりの本になったらいいなと思っているんです。

今井　そうなるといいですね。目標を簡単に言うと、昔は一斉教育でしたが、それは今の人類のレベルではよくないということになるんです。

一人一人違う人生を歩むのに、同じ教育をして、同じ人生を歩め、みたいなことになったら全然問題外なわけです。だから、一人一人の力を発揮させる。

全ての人が自分なりの知恵を持っているから、それを出し合って協力し合うことができる能力があるにもかかわらず、それを潰して昔ながらの一斉教育をやるのはよくないわけです。

秋吉　子供が好きなことを見つけても、そんなことはいいから勉強しなさい、という感じですね。

今井　親のほうが勝手に決めた目標に沿って勉強させている。

そういうところが一番問題だということが一つあるんですね。

でも、そのために何をしたらいいかということがすごく難しいわけです。

そのときに、シュタイナー教育だけしか言ってなかったこととしては、生き物の時間法則というのがあって、「7」がすごく重要なんです。

けがをしても、大体7日たつと治るし、風邪を引いても、1週間ぐらいで治る。

体の修復はそういうふうに7周期なんです。

そういう意味で、ゼロ歳から7歳までの7年間、7歳から14歳までの7年間、14歳から21歳までの7年間で、教育の方法を全く変える必要があるんです。

年代によって成長するところが違うので、違う成長をしているときに違う教育をやったらダメだから、この年代のときにはこれに集中する、その次のときにはこれに集中するということが必要なわけです。

昔はそういう考え方がなかったし、今の教育も結構なかったりするので、そこもすごく大事なことです。

つまり、一人一人の個性を殺す教育になってしまっているのです。


秋吉　個性を生かすというのも、言葉にすると割と簡単で、今の教育でもあちこちで言われてはいますよね。

私も残念ながら直接的にはシュタイナー教育を受けていないし、かかわっていないんですが、はたから見た感想として、子どもの中から出てくる自発性を待って、やる気持ちにさせていく、流れをつくっていく、そういうことをすごく大切にしていると思うんですね。

それを言葉で強制するのではなく、光を使ったり、音楽を使ったり、先生のなめらかな動きを使ったり、そういったことで気持ちが自然に遊びから学びの時間に切りかわっていく。

それをある程度規則正しく続けることによって、あらかじめ子どもたちが、そろそろこういうことをやる時間だなとわかる。

そういう切りかえで、幼いときから、強制ではなく、自然にやりたくなってやる。その繰り返しをしているような印象を受けたんです。

今井　まさにそうです。

ただ、法則性として、例えばゼロ歳から7歳だと、「意思の教育」というふうにシュタイナー教育では言われるわけですが、意思を教育するにはどうしたらいいのかということになりますね。

秋吉　内側から自然に出てくるのが意思ですからね。

今井　今の教育だと、厳しくして、いやいやでもやらせれば、我慢強くなって意思が強くなるんじゃないかというようなレベルで考えられている場合が多いですね。

だから、苦労させればいいとか、我慢させれば強い意思になるとか思っているけれども、それは間違いなんですね。

そうやるとダメになってしまう。

理由を説明し出すと長くなるんですが、ともかくダメになることははっきりしています。じゃ、どうしたらいいかというと、結局は、押しつけないということです。

本人がイヤだということを他者が無理やりやらせることは論外だ。生まれ持った体というのは生きるためにできているから、生きるのに大切なことをやるようにしかなってないわけです。

ゼロ歳からそういう力があるわけなので、本人に任せておけばいい。そういう力で大きくなるんです。

ということは、その子がやりたいことをやらせるのが一番いいわけです。

秋吉　大人の世界でもそうですよね。

幾らお金をもらっても、イヤなことをやらなきゃいけないのは本当につらいけれども、やりたいことは、お金とか一切関係なく楽しくできちやったりしますね。

今井 本当にそうです。

今は、ビジネスの世界でも、そういうふうに変えようとする動きがあります。

秋吉 私の周りでは、お金では動かない人がどんどんふえてきています(笑)。

今井 それが正しい対応で、今はそういう人がすごくふえる段階に入っているわけです。魂が気づいた。

秋吉 人類が成長していって、やっと今、その段階に入ってきたという感じですかね。

今井 そうなんです。

秋吉 シュタイナーは、それを100年前からサポートしてくれていたような気がします。

今井 先行的に指し示してくれていたという感じですね。

秋吉 だって、シュタイナーが100年前に始めてくれていなかったら、今、私たちが世界規模でシュタイナー的な考え方を知ることができなかったと思うんですね。

今井 ただ、その国で人気があるというだけでは、そこまで広がらないです。

そういう意味では、民族を問わず、国を問わず、どの文化にも対応できて、独自に発展させられる。

そういうコンセプトは、まさに地球人の育成のためには一番いい環境でしょうから、それが証明されているということです。

秋吉 本当ですね。

現在のインターネットが普及した状態でウイルスが世界規模で流行して、大企業に勤めていれば安心だとか、偉い人の言うことを聞いていれば安心だとか、今までの常識が全部崩れたじゃないですか。

言うことを聞いていたら、下手すると命がなくなってしまうから、自分でちゃんと考えて判断しなきゃいけない。
そういう時代になったときに、一番根底を支えるような生き方とか、人間だけが繁栄しても自然を置いてけぼりにしていたら結局は滅びるよとか。
今まで何でそんなことに気づかなかったのかしらとか、そういったところを自然に気がついた人が、シュタイナーが講演の中で話していた果実を受け取ることができるような状態に、100年前に既にしておいてくれたのかなと思いますね。

今井　だから、ビジネスの世界でも、シュタイナー系の考え方を少しバージョンアップして、いろんな組織論が出ているわけですけれども、それも結局シュタイナー系の人が始めているんです。

啓子　U理論ですね。

今井　今、ドイツの政治状況の中で一番強力になりつつある緑の党の中核はシュタイナー系なんです。

緑の党がかなり力を持っていて、そこが中心に動くような政府になっているような感じにドイツはなっています。

秋吉　日本でも、今の若い人たちの中には、シュタイナー的な考えの発信をしている人の情報を、それとはわからないうちに自分の中に取り込んでいるのかなという気がしているんですね。

若い人たちの中に、調和的に物事を考えて、自分はこれがやりたくて得意だからと補いあって、やれることとの組み合わせで新しいビジネスを展開していく方がふえてきているような気がします。

今井　だから、今はすごく変化が激しい時期です。

秋吉　シュタイナーは、100年前にそのベースをつくっておいてくれたわけですね。

シュタイナーの発想がなかったら、もしかしたら、特にバイオダイナミック農法とか、教育にしても、色彩学にしても、音楽の理論にしても、シュタイナーは飛び抜けているから、その影響を混ぜ合わせることはできなかったような気がするんですね。

今井　本当にそうですね。

新しい抽象絵画なんかもシュタイナーの影響がすごく大きくて、有名な抽象絵画は大体影響を受けているんです。

最先端の人たちが影響を受けているみたいですね。

秋吉　芸術は生きる喜びのような気がするので、シュタイナーは、そこを大事にしている。

今井　同じものをまねするのではなくて、新しいものを独創的につくるのが芸術でしょうからね。

そういう意味で、ビジネスのやり方にしても何にしても、あらゆることを自分たちで新しいものをつくり上げる創造的な力というものが、今の教育で一番足りない部分なんです。

秋吉　ポストコロナのビジネスとか生き方自体が、まさにそこを求められていますね。

今井　最近、日本のシュタイナー学校でも、公立学校と連携してやっているところもあったりするので、それぞれの中で新しい教育の仕方を学び合って、よりよいものにしていく、そういう方向にしていく段階に入っているという認識になりつつありますね。

秋吉　シュタイナー教育の目標は、最終的には全人類的な……。

今井　そうですね。一人一人が宇宙的な人間になるというか、唯一的な人間になる。

唯一的な人間であるということは、結局、自分にしかない考え方とか、自分にしかない生き方とか、そういうものをつくり上げていくということです。

秋吉　以前、啓子さんが私に、自由とは、選ぶ自由ではなく、みずからクリエイトしていくのが自由であるとして楽譜を使わず即興演奏専門のソウルサウンドライアーはまさにシュタイナー的自由の楽器だ！　とおっしゃってくださったんですね。

今まであるものの中から選ぶのではなくて、新しい分野、誰も知らない、自分さえわかってないものを一つ一つつくり上げていくのが自由だと。

あれが究極のような気がしているんですね。

そういうことができる人間がそれぞれいて、それぞれの自由を尊重できる。

私とは違うものをつくり上げているあなたはすばらしいと、お互いに尊敬し合えるような、そういった人間像をシュタイナーは見ていたのかなと思うんですね。

今井　『自由の哲学』というのが、シュタイナーが若いころに一番最初に書いた本です。

だから、自由が一番大事なわけです。

自由ということは、強制されているのではなくて、自分がこれがよりよいと判断して、新しくつくり出す力、創造性です。

秋吉 それは、ものすごく自分を信じてないとできないことですね。よりどころが自分だけですものね。

今井 それを潰されると自信がなくなってしまうけれども、その子がやりたいことを支えてあげればどんどん自信がつくわけですね。

その子の持っている力を生かせるような形で教師が支えることができれば、みんな元気になって、新しいことができる。

そういう教育を全ての学校でしなくてはいけない状態になっているにもかかわらず、今の日本の教育では、アクティブ・ラーニングと言われている勉強の仕方が幼稚園から成人教育まで全てで強調されていて、新しい学習指導要領の中には、全く同じ目標があらゆる年齢に対して書かれているんです。全て能動的でなければいけないということで、大人と同じことをやらされる。

そうすると、勘違いして、まだ6歳ぐらいの子にも、自分で考えさせたりするということになりがちなわけです。

そういう間違った教育も行われてきたんです。

秋吉　6歳の子どもたちにも、自分で考えなさいと言ってしまうのは、ある意味では間違いであると。

今井　そうですね。考えさせるのではなくて、やりたいかどうか、気持ちなんです。

秋吉　なるほど。似て非なるものですね。

今井　やりたいかどうかなんです。勉強というと、おもしろくなくてもやらなきゃいけないという感じなので、そうじゃなくて、体を動かすことが一番やりたいことなので、どういうことで体を動かしたいかということが、いろいろあるわけです。

秋吉　例えば、勉強という手を動かすことが得意な子は、それをやりたいからやるのを止めないということですか。

今井　そもそも勉強自体は避けたほうがいいわけです。勉強というのは、文字とか数字とかで、6歳というのはそれを理解できない年齢ですね。
そうでなくて、字の美しさとかならいい。

秋吉　さわってみたら丸いのがきれいで、これが数字のゼロだったとか、そういうことですか。

今井　小さい子は、美しさとか、好きか嫌いかはわかるけど、そもそも考える力はまだないから、考えてどうかはわからない。
自分で考える力というのは、いろんなことを知ってないと無理ですからね。
知る前に、誰かが言っていたことを自分の考え方としてしゃべってしまうから、考えなくなるんですね。
今がそうじゃないですか。どこかで聞いた話とか。

秋吉　賢い子どもとして褒めそやされてしまうけれども、実はコピーで出すのが上手なだけで、それは危ういということですね。

今井　そうです。自分で全然考えてない。そこが盲点なんです。

それをどうやってクリアしてやっていくか。

シュタイナー教育だったら、すごくいろんな方法を使っているので、そういうのが学べる。

学校によっても人によっても違うから、それぞれの先生がそういう意識で向かい合わないといけないんです。

その子に最も適したものは、その子に直接会っている人しかわからないから、その先生が独自に考えなきゃいけないわけです。

秋吉　シュタイナー教育では、1年生から8年生まで、ずっと1人の先生が担任して、その子がどんな発達段階にあるか、ずっと経緯を見て、そのときに必要なものを渡していくというイメージですかね。

今井　そうです。同じ先生がずっと教えているわけだから、1年生のときにどうだったか、全部わかっているわけですね。

この子はこういうことが得意だとか、こういうのが好きだとかわかっているから、それに合わせて伸ばせる。

秋吉　私は子どもを普通の学校に入れていた普通のお母さんだったので、これは本当に大事だなと思わないと、漢字をたくさん覚えたらいいとか、計算が速いのがいいとか、そういうところについ流されてしまうし、結果が数字で見えたほうが親も少し安心してしまうんですね。

でも、もし親自身が、自分の感覚が正しい、自分はこれがいいと、自分を信じられたら、子どもをしっかり見て、教え込むのではなくて、この子は何をやりたいのか読めるようになるかもしれない。

だから、問われているのは大人のほうですね。

今井　だから、大人のほうも自己教育が必要なわけです。

秋吉　本当に全ての人にシュタイナーを知ってほしいと思いますね。

自分の経験に置きかえて、すごく腑に落ちます。

私自身、自分のことが何も信じられなかったときには、自分は本当にダメだと思って、うつ病になって、パニック障害を起こして精神科に通っていて、入院したほうがいいかもしれないという話にまでなっていたんですね。

でも、クリエイトな、ライアーを弾くということをやり始めて、楽譜のない、そのとき自分が気持ちのいいところを探して演奏していくということをやり続けていたら、自分に対しての信頼がだんだん蓄積されていったんです。

そうなったときに、娘を本当の意味で信頼できるようになったんです。社会的に見たら、不登校という形をとっていて、ある意味、脱落者みたいなレッテルを貼られる可能性のある娘ですら、私が自分を信頼して、私の子どもであればこの子は大丈夫だと思ったんですね。

その当時、私はパソコンゲームとかはいけないことだと思っていたんですが、そこを信頼できたときに、それすらも、もしかしたら彼女にとっては必要なのかもしれないと、温かい目で見れるようになったんです。

そして、「お母さんはよくわからないけれども、今、あなたにとっては絶対必要なのね」と言い続けていたら、彼女はどんどん変化していって、学校にも行けるようになって、今は大学2年生です。

コロナ禍で学校に行けないので、「不登校は最先端だったね」なんて話をしていますが、今は普通に夢を持って生きていけるような子になっています。

だから、やっぱり自分を信用するのが一番なんですね。

今井 小さい子どもたちに対する教育の原則は、本人の意思を尊重するということですが、子どもたちは大人の模倣をすることによって学ぶわけです。

体を動かすとか、表情とか、微妙なことも、子どもは大人の100倍ぐらいの力があるので何でも読み取って、それをまねしてしまう。

そういう意識を普通の大人が持つか持たないかが、かなり致命的になるんです。

例えば、電車に小さいお子さんが乗ってきたときに、そこにいる大人たちがどういう表情をしていて、何をしていて、何を話しているかというようなことを、そのままねする可能性があるということです。
だから、小さいお子さんがそばにいる場合は、自分は関係ないじゃなくて、子どもに悪い影響を及ぼさないような振る舞いが必要だという意識を大人が持っているかどうかで全然違うわけです。
普通は、そんな意識は持ってないですね。

秋吉 じゃ、子どもの前で夫婦ゲンカなんか最悪ですね。

今井 ささいなことですけれども、すごく大事なことなので、その辺をちょっと意識化できるかどうかで違ってくるわけです。
そんなに影響ないんじゃないかと思ってしまっているかもしれないけれども、すごく悪影響があると思ったら変われるはずなんですね。

秋吉 1歳、2歳の子どもでわからないからと思ってはダメなんですね。

今井 そこが基本的に間違っている。
そういう教育を受けた人たちがこういうふうに成長しているという具体的事例もいっぱいあるわけです。

秋吉　親を含めて社会の大人たち全員が、いつも楽しくて幸せで、自分を信じられている状態になるのが、最終的に行き着く先の目標なんでしょうね。

今井　小さいころからそうやって育っていると必ずそうなるので、その人が親になったら大丈夫なわけです。

だから、シュタイナーは学校をつくったんです。

でも、成人教育としても重要です。

秋吉　子どもたちの周りにいるのは大人ですものね。

逆に言うと、子どもたちをきっかけに大人が、自分を信じて、自分を大事にして、調和的に生きていくようになる。

今井　そういうふうになっていくということはありますね。

秋吉　そうなったら、戦争なんてできないですね。

今井　親も、子どもによって成長するんです。

秋吉　シュタイナーは、きっとそこを見抜いていたんですね。

今井　そういう意味では、すごい先駆的です。

秋吉　だって、子どものためだったら、自分じゃできないようなことを、特に母親はやりますからね。私も、うつ病が治ったのは、たぶん子どものためだと思ったからだと思います。

Section 4

シュタイナーの宇宙では「天使と悪魔の戦いが同時進行している」と捉える!!

ロシアのウクライナ侵攻をシュタイナー的に見る

秋吉 今、下手すると第三次世界大戦が起きてしまいかねないような緊迫した空気が地球上に流れているような気がするんですが、どうしてこんなことになってしまったんでしょうね。

今井 なってしまった理由は、それなりに人智学的な説明があって納得できるんです。

シュタイナーは独特の歴史の見方を提起していて、『歴史徴候学』という新しい学問の本も書いています。

歴史というと昔のことを細かく調べているものが多いけれども、それは過ぎてしまったことなので、そういうことではなくて、今起きていることの中にどういう未来の萌芽があるのかを重視します。

この現象は、将来、こういう方向に発展していく、そういうことを読み解ける力をつけて、その観点から今の出来事を見る。

まさに今のウクライナの出来事は、何の徴候として見れるかを探究することになります。

秋吉 なぜこういう動きになってしまったかという「なぜ」のところがわかると、今起きていることを理解するのに役立つということですね。

今井 今の歴史学は、ほかの人が持ってない古い資料を見つけると新発見とか言っているけれども、それを発見して何が未来にプラスになるのかということがあり得るわけですね。

この新発見は、実は将来のこういうところを見越していて、こういう新しい見方をしているというのであればいいですが。

秋吉 シュタイナーは、根本の原因を見抜くことができたから、ある意味、未来の予見ができたということですね。

今井 そうです。

秋吉　今の第三次世界大戦前みたいな状況は、シュタイナー的にはどういうふうに捉えているんですか。

今井　宇宙的な世界の中では、神々が悪魔と戦うという場面もあるわけですね。

天上界で繰り広げられていることは我々には見えないわけですけれども、それが19世紀の終わりごろに大体決着がついていると言われているんです。

秋吉　シュタイナー的には、私たちがちゃんと見えて感じることのできる3次元の地球上で起こっていることの外というか上で、実は天使と悪魔の戦いが同時並行で進んでいるということですね。

今井　そうです。

秋吉　それが19世紀の終わりごろに決着がついていると。

今井　ええ。

秋吉　決着がついているのに、今、私たちはまだ戦っているんですね

（笑）。

今井　不思議だと思う。

秋吉　不思議ですね。

今井　決着がついているということは、基本的に天界ではもう方針は決まっているし、それは実現されることが決まっているけれども、人間が意思を持っていて自由がある限り、人間が最終的にどう判断して何をするかによって決まるわけです。

秋吉　一応確認しておきたいんですけれども、天界では天使側が勝ったんですか。

今井　もちろんそうです。

秋吉　よかった、よかった（笑）。

天界でのことが、恐らく地上に影響を与えているはずだと思うんですけれども、受け取っている人間たちのほうが、まだちょっと悪魔のほうを手放したくないなというみずからの意思で、今の状況をつくっているということですか。

今井 そうですね。

紀元前8世紀に、基本的に自分で考えることによってあらゆる判断ができるという能力が人間に与えられたんです。

その前は前頭葉がまだ完成してなかったので、人間は独自に考える力はなくて、神様の言うとおりに動けばいいというレベルだったんです。

秋吉 前頭葉がこんなにも大きいのは人間だけですが、そのときからなんですね。

今井 そのときから、自由が必要になったわけです。

自分で考える力があっても、どう使うかはその人次第なので。

秋吉 いいことしかやらないのだったら、天界と違わないわけですものね。

今井 人間の心の中に良心が組み込まれているのは、何が本当に正しいかわかる力があるわけです。

その力があるにもかかわらず、悪いことをやることもできる。やらない人もいるし、やる人もいる。やる人は、悪魔の誘惑に負けているわけです。

だけど、自由があるので、いつでも正しい方向に行こうと思えば行けるんです。

秋吉　過去の歴史の中で、戦争とか虐殺というのは、悪魔の誘惑のほうに判断が揺れてしまった結果だということですか。

今井　紀元前8世紀以降でも、ペルシャ戦争とかいろいろやっています。最初は感覚魂のレベルがあって、悟性魂のレベルがあって、意識魂のレベルがあります。

一人一人が別のことを新しく考え出すことができるのが意識魂のレベルで、今はそういう時代に入っています。

だから、みんな自分の考え方を持っているし、持たないと生きていけない時代です。

一人一人、体の状態が違うのに、同じ注射を打ってもダメでしょう。
だから、自分で考えるしかない。
自分が免疫力をつけるのが本当はベストで、そのために何をしたらいいかということが重要です。

秋吉 コロナちゃんと仲よくしようと決めたからワクチンは要らないとかね（笑）。

今井 その辺の安心感が今はなさ過ぎるんです。

秋吉 本当ですね。安心感がなさ過ぎますね。

今井 安心な気持ちになれるためには、体のメカニズムがいかに神わざでできているかということを感じ取ることが大切です。
頭のほうが少し悪くて、体は何でもできるんです。
体のほうが賢くて頭のほうが悪い。

秋吉 普通の方は、頭が賢くて、頭で考えて体が動くと思っていますよね。

今井　それは間違いないんです。

秋吉　逆なんですね。

今井　逆だということに気づく。

　一人一人の人間は、それだけの力を持って生まれているわけですからね。

秋吉　体が賢くて頭はあまり賢くないという例を、具体的に出していただけますか。

今井　体は、どこが調子が悪いかというのを痛みで教えてくれます。

　どこかが破壊されたから、痛みとして感じるわけです。

　痛みの感覚というのは、警告です。

　全部がどういう状態なのか常に知っていなければ、警告は出せません。

　どの細胞がおかしくなっても、その細胞が即座に反応して、痛いと感じる神経に結びつかなければダメです。

　そういうことがなぜできるのか。

そして、すぐに治し始めて、1週間ぐらいで治るわけですね。

そういうのは誰がどうやってコントロールしているのか。人間の頭ではコントロールできないですよね。

どの辺かなとかいうぐらいしかわからない。

体は、直接この細胞がというのがわかった上で反応するわけです。

秋吉 全身で治そうとしますものね。

今井 しかも、協力し合っているわけでしょう。人間の頭より、よほど賢い。

秋吉 頭のほうは、大したことないよ！　とか言って無理しちゃったりするから、なかなか治らない。

今井 教育がそうなっているから、お互いに考えることも同じようなことばかりだしね。そういうことを考えたら、体のほうが全然レベルが高い。

そういうふうに感じるだけで、大分変わってきます。

秋吉　もう眠いとか、もう少しリラックスしたいと、体はわかって発しているかもしれないのに、試験に受かるためには無理して勉強しなきゃダメだとか、頭で全部無視して我慢しますものね。

今井　天界にいたときは以心伝心で全部わかっていたので、全ての子どもたちにすごい能力があると思って話しかければ、必ずわかるはずなんです。

そう思って話しかけると、泣いている子が泣きやむわけです。

声に出さなくても、気持ちを向ければ、それを感知して泣きやんだりする。

例えば、けがをして杖をついている人がいる。

本人は治らないと思っているかもしれないけれども、守護霊がみんなついているから、守護霊に「この人がよくなりますように」と心の中で言うと、歩き方に少し影響するような感じがするんですね。

そういうことが重要なんです。

秋吉　大人たちが、そういうことがごくごく自然にできるようになっていったら、子どもに対する対応も全く変わってきますね。

今井　そういうことが可能だと思えるかどうかですね。

　別に悪いことをしているわけじゃないから、やってみれば確認できます。

　正しいことをやってみて、うまくいくかどうか確かめるのが、一番いい実験です。

秋吉　いい想いの実験だけで、「あいつ、転べ」とかはやらないでほしいですね（笑）。

今井　そういうのも効き目があったりするから、怖いですよ。

秋吉　もし本当にそうなった場合、実は人間にはそういう力がある、じゃ、どうする？　というのが人間には与えられた自由だということですね。

今井　そうです。

秋吉 人類がやっとその段階に来た気がしますね。

今井 そういう気がします。

秋吉 祈りを送り合うとか、母の具合が悪いのでみんな祈ってくださいとか、そういうのはSNS上でもよく見かけますからね。

ビジネス上でも、チームが一丸となって、この目標を達成しようという状態になっているときは本当にうまくいったりするけれども、逆に、人間関係がギスギスしていて、こいつより俺のほうが目立ちたい！ というような感じだと、簡単なことでも物事が不思議な感じで頓挫してしまったりしますよね。

今日は、本当に楽しみにしていて、実は、ここに来るときに先生方と駅で待ち合わせをしていたんですが、お二人が出口を間違えられて、私が待っていられなくて「先に行ってますね」とメッセージを送って歩き始めたら、お二人が間違えた出口から出てきたところに私が通りかかって一緒になったんです。

啓子 1秒でもずれたら会えなかったですよね。

秋吉 通り過ぎていた。

今井 そういうことがよく起こるんですよ。

Section 5

シュタイナーは「究極は道徳！　そして言葉が空文句化している」と言った!!

大人たちがよりよい社会をつくるために、今できることは何か!?

今井　大人たちがよりよい社会をつくるためには、今はよい社会に向かっているのか、悪い社会に向かっているのかを判断する力がすごく大事なんですが、それが崩れてしまっているので、何がいいか悪いかわからない。

自分にとってよければいいという形になってしまっているんです。そうじゃなくて、地球全体として、人類全体として、何がいいか悪いか、そういう価値判断が一番大事で、その究極は道徳だとシュタイナーは言っていて、天界では道徳的なものがレベルが一番高いわけです。

秋吉　道徳も、少し難しくないですか。

今井 今は道徳というのが堕落した言葉になってしまっているので、道徳という言葉を使うと誤解されてしまう傾向があります。

秋吉 道徳という名のもとに、これが当たり前だろうとか、これが社会通念だとか言って、人をコントロールしようとする風潮が少しあるような気がするんですね。

その人にとっての当たり前とか社会通念があるはずなのに、本人がわからないままに、年長者とか社会的に成功していると言われている人たちが、道徳という名のもとに影響を及ぼしている。

今おっしゃった道徳は、そういう意味での道徳ではないということですね。

今井 もちろんそうです。

秋吉 シュタイナー的な道徳というのはどういうことですか。

今井 道徳というのは、「道」と「徳」という言葉でできていますね。

その漢字で表現しているのは、「生きる道」です。

だから、道徳のもともとの意味は、人間として最高な生き方は、徳がある人が道に従って生きるということです。

それなのに、言葉の本来の意味から離れて、全く逆の意味で使うようになっている。

この事態に対してシュタイナーは「言葉が空文句化している」という言い方をしていて、それが最大の問題だということです。

秋吉 わかります。学校の道徳の授業は、お年寄りには優しくしましょうとか、挨拶をしましょうとか、その行動自体にしか注目してなくて、それをやる人間に対してはまるっきり目が向けられていない気がするんですね。

元気がなくて本当につらいときには、目の前にお年寄りがいたとしても、申しわけないけれども、座らせてと言って座っているかもしれないし、本当に悲しいことがあったときには挨拶なんかするような気分にならないですよね。

でも、「挨拶しましょう」と言われたら、してない子が悪い子みたいに見えてしまったりするわけですね。

そういったことではない、もっともっと有機的な道徳ということですよね。

今井　有機的なというか、良心、つまり心の判断力ということです。

これは相手に対してプラスになっているのか、マイナスになっているのかという観点を入れるかどうか。

そうじゃないと、自分にとって都合のいいことしかやらないというエゴイズムになってしまうわけです。

秋吉　徳があるというのは、そういうことですものね。徳がある人が道を究めるのが道徳なんですね。

今井　それが良心なんです。

その人をよくわかった上で、私が今こういうことをすることは、その人にとってプラスなのかマイナスなのか。

言葉が死んでいるので、語ることでは、もうダメなんです。実際に何をやるかです。

秋吉 言葉が死んでいる。

今井 死んでいるんです。空文句というのは、そういうことです。意味が全く逆転してしまっている。

秋吉 道徳という言葉も、もう死んでいるということですね。

社会有機体の三分節化　自由・平等・友愛

今井　逆転しているのをもとに戻すためにはどうしたらいいかということについてシュタイナーが提起したのが、「社会有機体の三分節化」という考え方です。

命あるものを構成している細胞は有機体と呼ばれていますが、有機体は炭素が含まれていて、ＣＯ２を入れたり吐き出したりしているわけです。

だから、生命体には炭素が必ず必要で、炭素がないと生き物にならない。

燃え尽きて最後に残った炭も炭素でできているし、地球上で一番硬い物質で最高レベルの美しさを持ったダイヤモンドも炭素でできている。

炭素は、そのぐらい端から端まで変容できるわけです。

まさに、生から死、完成の状態から破壊の極致、その範囲内を生きているということです。

秋吉 社会有機体というのは？

今井 社会は生きていますよというメッセージです。

秋吉 三分節化というのは？

今井 三分節に分けるというほうが重要で、シュタイナーは、人間を、一応考えることになっている頭と、社会をよくするためにある手足と、人間を生かすためにあって休まないハートの3つの部分から成っていると言っています。

心臓が止まったらアウトですから、それが継続し続けている力はすごいですよね。

秋吉 頭と手足を結んでくれているのがハートなんですね。

今井 ハートが両方をつないでくれているわけです。

秋吉　確認ですが、ハートというのは、別に心臓というわけではないんですよね。

今井　血液です。

血液が心臓をつくるんです。

秋吉　血液は特別なジュースだという本が出ていますね。

今井　本当にそうなんです。血液の流れの中に自我の力が入っていると言われています。

秋吉　脈々と血を受け継ぐと、日本語でも言いますものね。

今井　血液は、上下に動くのか横に動くのかというのが決定的な違いで、血液は結構重いみたいで、天からの力がないと上に引っ張り上げられないんです。

秋吉　社会有機体の三分節化というのは？

今井　全ての人間がそうなっていて、でも、1人の人間として自分で統一意識がある。

それが自我意識なわけです。

それと同じように、社会も人間がつくっているわけなので、人間自身が有機体だとすれば、有機体が集まってできている社会は当然生きているわけです。

そういう意味で3つの条件があるので、この3つの条件を確保するために提起されているのが、自由・平等・友愛という3つの価値です。

社会が生き物として成立するためには、この3つを保証するような形で社会全体が運営されないといけない。

そういう考え方になるのです。

フランス革命でそういうことが言われて、人権思想が始まったわけですね。

内側からの革命が起こったのは、唯一フランス革命だけで、ほかの国は全部間違ったまねをしておかしくしているだけのことです。

秋吉　今のお話だと、自由・平等・友愛を頭・手足・ハートの3つに当てはめると、自由が頭ということですか。

今井　そうです。何をするか、最終的に頭で判断するじゃないですか。そういう意味で、自由は頭が最後は決断しているわけです。精神的な部分ですね。

秋吉　そして、実際に手足を動かして、平等を獲得していくということですか。

今井　平等はハートです。全ての人が同じようにすばらしいという意味での平等です。ほかの人にはまねができない才能を持っている人たちの集まりだという意味です。

秋吉　すると、友愛が手足ということですか。

今井　手足は、経済の友愛。

啓子　自由な精神、平等な法律、経済の友愛、それを説明してから次に行ったほうがいいですね。

秋吉 さっきの肉体的な三分節と……。

今井 それと比喩的に対応すると、精神の自由、法律は全員の人権を保障して平等を確保し、経済が友愛ということです。

なぜかというと、今、食べているものは、基本的に自分でつくったものじゃないですね。

それが自分のところまで回ってきて食べれているということは、友愛の力、ほかの人の力で食べさせてもらっている。

本来、経済は、まさに友愛なんです。

にもかかわらず、友愛だと思わないで紙切れだと思う。

秋吉 しかも、今は奪い合っているような感覚で経済が回っていますね。

今井 全く逆転しているわけです。

だから、この三分節の考え方が重要になってくるんです。

自由・平等・友愛、この3つのバランスがとれたときに社会は健全になる。

社会が正しく前進していくことができるためには、この3つが重要だということです。

そのための三分節化の考え方なんです。

3つは、それぞれ自立していなければいけない。

自由じゃないと精神は死んでしまうから、精神の自由。

法律は、平等で、人権を保障する必要がある。

秋吉　これも今は随分イメージが違いますね。

自分の正しさを主張して闘い合う法律になってしまっているけれども、そうじゃないんですね。

お互いの平等を保障するための法律ということですね。

啓子　こういうことがシュタイナーの『社会の未来』に書いてあるんです。

秋吉　100年前に。

啓子 これを中学校の教科書で読むべきですよね。

秋吉 これが当たり前の世の中になったらいいですね。法律と聞いたときにみんなの頭の中に、自分が正しいという裁判のイメージではなく、この法律があるおかげで私はちゃんとみんなと平等でいられるんだ、ありがたいな、そういう感覚になるといいですね。

啓子 今は、ずれているものね。

秋吉 戻したいですね。

今井 全ての人がすぐれた個性を持っている、そういう平等感にならなきゃいけない。法の下の平等だけだと、不平等につながりがちですよね。一人一人個別に尊重するのではなくて画一的にしてしまうと、悪平等になってしまう。

秋吉 私、いっぱい持っているから、あなたにあげるわ。

法律でも決まっているから、受け取っていいのよ。

そういう平等になっていったらいいですね。

今井　そうですね。

啓子　人間が有機体だから、人間がつくっている社会も有機体だという説明で合っているんですね。

今井　そう。

秋吉　私があんまり細かく、頭がどうのと言ったから、ちょっとややこしくなってしまったんですね。

人間は有機体で、有機体である社会は三分節でやるとうまくいくということですね。

今井　自由・平等・友愛というものは、自由はゼロ歳から7歳、平等は7歳から14歳、友愛は14歳から21歳の間に、それぞれ基礎がつくられるんです。

7歳から14歳の間に平等が培われるためには、尊敬できる人との出会いが大事だと言われているんです。

7歳から14歳というのは、この人だったらついていける、この人だったら間違いないだろう、この先生は尊敬できるから先生みたいになりたい、そういう体験をするのに一番いい年齢なんです。

自分で考えさせてはダメなんです。

まずは、尊敬できる人の言うことをそのまま信じてやってみる。

そういう体験が一番大事で、ここで一番重要なのは耳を傾けることなんです。

尊敬している人に言われると真剣に聞くじゃないですか。

嫌いな先生だと、聞いているふりして聞いてないですね。

耳を傾けるだけの尊敬できる人に出会った人は、いろんな人の言うことに耳を傾けるようになります。

自分よりすぐれた人たちがいっぱいいるから、自分のことを言う前に、まず人の意見を聞いてみる。

すると、聞いた上で、私はこう考えるというふうに対話が可能になるんです。

7歳から14歳のうちに自分で考えさせたりすると、自分の意見だけ言って、人の言うことを一切聞かない。

今の人たちは、みんなそうじゃないですか。

秋吉　今の小学校、中学校は、どちらかというとそういう教育をしていますね。

今井　いまだにしている。そこがすごく問題なんです。

啓子　7歳から14歳のときに伝記を読むといいと聞きましたが、そうですか。

今井　伝記を読むと、自分もこんな人物になりたいとか、尊敬できる人物のイメージがつかめますよね。

そういう意味では、歴史的な人物だっていい。

こういう生き方をした人を自分はすごく尊敬できる、そういうふうになりたい、近づくにはどうすればいいか、そういう対象があることが大事なんです。

秋吉 すごくよくわかった。

そういう対象がいるから、じゃ、どうすればいいかと考える力が育っていくんですね。

対象がないのに考えなさいと言われてもね。

今井 何もわからなくなって、自分勝手に考えてしまう。

秋吉 モデリングができないということですね。

今井 だから、まともな人間になるためには一番大事なところなんです。

啓子 14歳から21歳は友愛?

今井 思春期というのは、同等な関係の中でも1人の人間として好きになるとか嫌いになるということができるわけですね。

人類全体が兄弟であるみたいな、愛の基礎ですね。

異性愛というのは、親子とかいう関係ではない、対等な関係で好きとか嫌いというふうに人として関係をつくる初めての機会になっているということです。

性教育というのは、本来そういうふうにやるべきなんです。人間愛というものの基礎として、この時間がある。性の違いではなくて、人間にはさまざまな個性があって、お互いに尊敬し合い、協力し合う。

性教育というのはそういう方向でやらなければいけない。そこが大きく違うわけです。

今はそこが誤っているから、すごく乱れてしまっているんです。だから、価値判断のところがすごく重要で、しかも、価値を受け取る部分が、それぞれ法則に違いがあるわけです。

経済が自由ではなくて精神が自由でなければいけないのに、そこが狂ってきている。

啓子　自由経済ですものね。

今井　自由経済というのは間違っているわけです。だから、うまくいかない。

自由は精神で、経済は友愛である。

実際に友愛でやっているにもかかわらず、それがそうなっていないのは、よほどだますことがうまい人たちがいっぱいいるということですね。

アルバイトをしている学生たちに、「アルバイトというのは自分のためにやっていると思っているけど、そうじゃなくて、すごく人を助けている。いいことをしているから友愛なんだよ」と言うと、「そう言われれば」と、結構素直に聞いてくれて、自分のために金儲けとしてやっているのではなくて人のためにやっていることになるというのは、すごく伝わるメッセージでしたね。

秋吉 同じアルバイトをするにしても、自分がお金が欲しいためにやるのなら、いかに手を抜くか考えますよね。

楽してお金を儲けたほうが賢いみたいな風潮にどうしてもなりがちだけど、私にできることで、みんなに喜んでもらっているんだということですね。

啓子　そしたら楽しくなるよね。

今井　すると、全然違う。その違いは結構大きいので、そういう教育をすべきなんです。

啓子　ここは大事なところですね。

秋吉　友愛の結果、経済が回っていく。

今井　経済が自由になっているというところに最大の問題があるんです。

啓子　しかも、弱肉強食とか言っちゃってね。

今井　競争モデルですよね。

競争じゃなくて協力モデルでなくちゃいけない。

それに変えるためには、まず、それぞれの領域で、どういうことが大事なのか。

例えば、お店で何か買うときは、友愛ということを感じながら買いに行く。

いろんな人がかかわってくれてありがとうと思うだけでも違います。

安いものだけ買いたいと思うこともあるけれども、そうじゃなくて、この商品は誰がつくってくれているのかというようなことまで考えると、大切に使いたいと思うようになる。

秋吉 全部が整うと、全部がうまくいくんですね。

自由な精神でいたら、幾らお金をくれても、そこでは働きませんとか、これはやりませんとか言える。

今井 イヤなことはやらない。

秋吉 本当に自分がやりたいことをやっていると、友愛の経済を回せるようになっていく。

さらに、自分が精神的に満たされていたら、あり余るものを人に渡してあげたいという気持ちになりますよね。

啓子 自然とそうなるよね。

秋吉 そういう形での法律。私、もらい過ぎて申しわけないですと言うと、いや、法律で決まっているので受け取ってください。

実は、現在、そうですよね。
電気にしても郵便にしても、国がやってくれているサービスは、本来、そういうもののあらわれであるはずで、そこを意識していったら、こんなに恩恵を受けていながら文句を言う人が減っていくような気がしますね。
もちろん、いろいろな問題が出てくるかもしれないけど、それに向かう精神が全然違う。文句を言ってやろうではなくて、じゃ、みんなでどうしよう、みたいな。

啓子　価値ということを学問では判断できないところが重要なんですよね。

今井　そう。学問は価値判断はしてはいけないことになっているんです。客観的に見なければいけない。

啓子　そういう伝統があるということ？

今井　誰が見ても確認できる内容じゃなければ学問とは言えないという

ことです。
私はこれが好きだではダメなんです。

啓子 誰が見ても好きじゃないといけないの？

今井 好きか嫌いではダメなんです。
好き嫌いは人によって必ず違うから、それは学問にならない。

啓子 誰が見ても同じでなくちゃいけないの？

今井 自然科学というのは、基本的にそういう学問なんです。

秋吉 何回実験しても、誰がやっても同じ結果になる。

今井 人によって違う結果になったら、それは両方間違っているか、どっちかが違う。

啓子 だから、国語の問題で、作者はどう思いましたかという答えが○か×というのはおかしいわけね。

今井 いろんな答えがあって、本当は全部○にしなきゃいけない。

啓子 どうしてこういうふうになってしまったの？

学問は価値判断をしてはいけないんでしょう。

秋吉　それはシュタイナーが言っているんですか。

今井　いやいや、学問が。特に自然科学は、みんなそう。ほかの科学も、それに引っ張られてしまって、右に倣えでやっている。

秋吉　今井先生は大学で長く教えていらっしゃったんですが、学問というものは価値判断をしてはいけないんですね。

今井　だから、「シュタイナー、大好きです」というのはダメなんです。全員が客観的に、誰が見てもすばらしいと言うならいい。全ての人がシュタイナーがいいとは言わないですからね。

秋吉　なるほど。100人の子どもを教育してみて全員が天才になったら、それは価値があると判断していいと。

今井　それはまた、人によってもいろいろあるから、難しい。天才になればいいとも限らないしね。

秋吉　天才の定義も、皆さん、違いますからね。

啓子 学問は価値判断をしてはいけないところを崩すのが……。

今井 崩すと言うと挑戦的だけど。

啓子 じゃ、何と言うの。違う見方にするには。

今井 補う必要がある。

秋吉 私、今、どうしてこういう話になったのか見えてないんですが。

啓子 学問は価値判断をしてはいけないと言っているから、原子爆弾がつくられたり、人を殺す戦争が起こるのかなと思ったんです。

秋吉 今、友愛と平等と経済の話をしていて……。

啓子 自由な精神というのは価値だと……。

今井 自由というのは価値判断なんですよね。

啓子 それから、平等な法律。平等というのも価値判断かな。

それから、経済の友愛。友愛というのも目に見えないから価値判断ですよね。

今井 平等にしたほうがいい、自由にしたほうがいい、友愛にしたほうがいいという話でしょう。

だから、精神は自由にしたほうがいいという判断が入っている。

啓子　平等なほうがいいというのも価値が入っている。

今井　そういう判断が入っている。だから、それをフランス革命は目標にしたわけです。

啓子　科学者が原子爆弾をつくっても、学問はそれを価値判断してはいけないから、どんどんつくっている。

今井　つくってはいけないという価値判断はできないんです。

つくっていいと言う人もいるからね。

だから、個人の良心としては言えても、学者としては主張できないわけです。

だから平気でいろいろなことができるという問題があるわけです。

こういう考え方をすれば、価値のほうが大事で、価値判断がないと生きていけないわけだから、死ぬためにやっているようなもので、生死が逆転してしまっている。

そういうことに気がつくようなメッセージになるようにしているわけです。

秋吉 たった今、腑に落ちました。

シュタイナーが社会有機体の三分節化の中で、自由な精神、平等のための法律、友愛な経済、こういう形で組み立てられているのが本来の形なんだと言っていたのは、この感覚に立ち戻ると、結果として社会がよくなることに自然に気づいていく。

学問が、ああだ、こうだと言わなくても、みずからそういう形で生きていると、人間がいっぱい死んでしまうから、核爆弾をつくるのはばからしいよねということに気づいて、自然にやらないようになる。

そういうところを目指していたということですか。

今井 まあそういうことなんですが、例えば精神の自由にしても、精神については ギリシャの精神がいまだに生きているわけです。

ギリシャ時代は奴隷制だったので、そういう時代の精神の状態と、いわゆる平等とか自由とか言われている今の精神の状態は全然違うわけですね。

ギリシャの場合は、生活そのものがそういうふうだった。

だけど、精神だけ受け継いで、ギリシャ時代の精神をまだ温存している。

そうすると、結局、貴族主義になって、偉い人と偉くない人に必ず分かれてしまう。

文化がどんどん進化しているのに、精神は進化できないままで死んだ精神になってしまっていることに気がつく。

生きた精神というのは価値判断が必要になるわけです。

だから、連動しているという感じですね。

ローマ法は2000年前の紀元1世紀にできたんですが、いまだに基本的に同じ考え方なんです。

法律というのは、全員が満足して生きていけるよう平等であるべきなのに、そうじゃなくて、法律によって自由が拘束されてしまっている。そうなっていることが全然時代遅れなんです。

そういうことに気がついていくと、新しい時代はどうやったらできるのか。

例えば、精神は必ず自由を求めていかなければいけなくて、抑圧されたらダメなわけです。

秋吉 シュタイナーは、「人智学」というのを学問として系統立ってつくり上げましたね。

今井 社会学的な領域で、こういう主張をしているんです。

社会をどうやったら健全にできるか。

秋吉 学問は価値判断をしてはいけないという話は、それとはまた別ということですか。

今井 それはそれで重要な部分もあるけれども、それだけでは生命社会をよりよくする力にはならない。

それはそれでしっかり価値判断しておかないと、悪い方向に行ってしまうということがあるわけです。

だから、それも学問の中に取り入れなければいけない。

啓子　だから、学術会議で、自然科学のほうの人たちはみんな認められたけれども、認められなかった人は価値判断が入っている学問だったからで、そういう人たちはみんな排除されてしまった。

今井　社会科学は、どうしても価値判断も必要になるわけですね。

こうなったら世の中が悪くなると思ったら反対したくなる。

文化系は、どうしてもそういうものが入ってくるわけです。

音楽を楽しもう♪

Ringo ライアー CD

■各2,200円（税込）
●アーティスト
Hi-Ringo
●ライアー協力
Mariko Akiyoshi
●製作
Hi-Ringo Company
●音響
Takeshi Fujita（音のソムリエ）

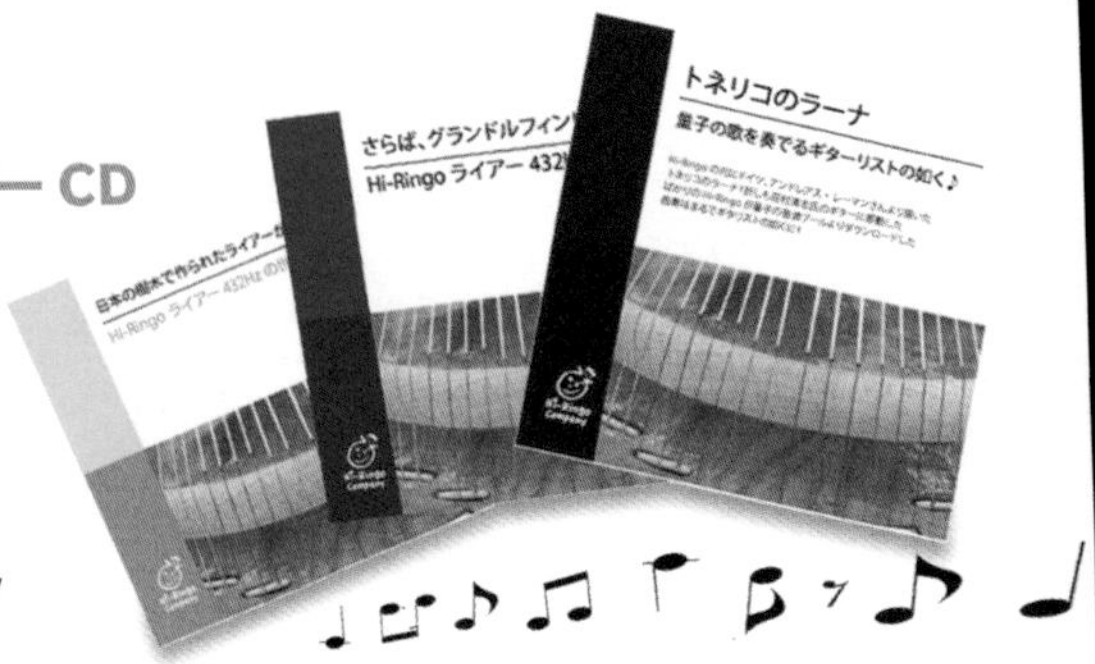

アーティスト「Hi-Ringo」こと、石井健資が奏でるライアーの演奏をCDに収録。レコーディング時には量子加工を施し、自然界のエネルギーも音に閉じ込めています。聴くだけで整う、新時代に必要なサウンドをお楽しみいただけます。

豊富なCD ラインナップ！

●ライアーは 432Hzの倍音宇宙語である!
●日本の樹木で作られたライアーがあった①、②
●トネリコのラーナ 量子の歌を奏でるギタリストの如く♪
●グランドルフィンで宇宙の大出産へ!
●タオライアー、音秘めのすばらしき響き!
●ステラレイラニ 音階純正律はあなたを癒やす!
●琉球の余韻のままにステラレイラニ
●素晴らしい雨降り

新作はゾクゾク登場予定
見逃すな!!

CDご購入はコチラから

Hi-Ringo EC Site

https://hi-ringo.myshopify.com/

最新のライアーCD情報がご覧いただけます!

Hi-Ringo（ヒーリンゴ）グッズで

ホワイト量子エネルギーも加わって、耳に聴こえない「倍音」を体感！

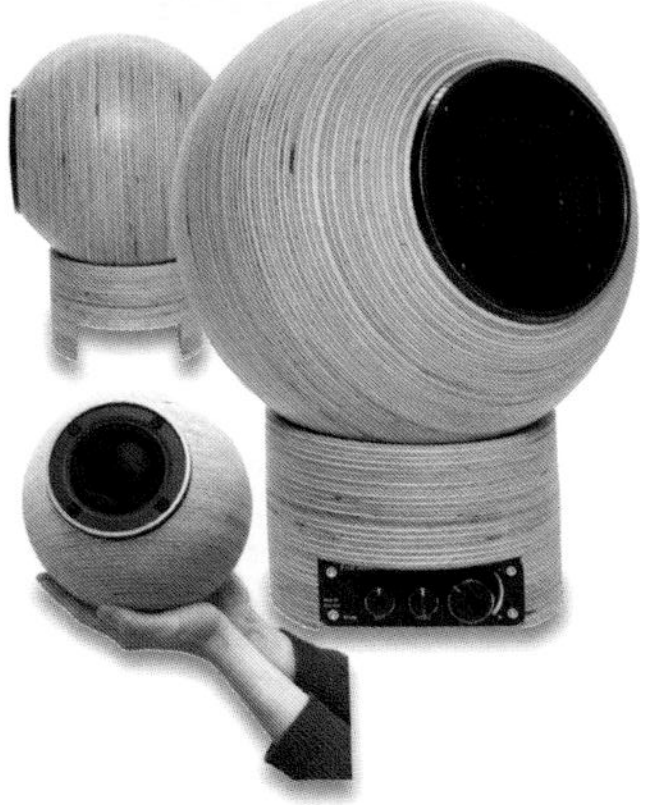

Hi-Ringo Special
量子【球面波・Q・球】スピーカー

■販売価格：220,000円（税込）
※限定20台の特別価格。最終見込み価格は30万円を予定。
●サイズ：[本体]直径200mm、[スピーカー部（幅）]各10mm、[台座]直径約135mm×高さ87mm、[アンプ]縦120mm×横85mm×高さ30mm ●重量：[本体（台座含む）]約1,620g、[アンプ]約260g ●入力：3.5mm外部入力端子×1、Bluetooth 5.0,2.0ch ●インピーダンス：8Ω×2 ●周波数特性：130〜23kHz×2 ●出力音圧：83dB／w×2 ●入力：24W×2 ●アンプ出力：50W×2 ●電源：19V ACアダプター（80〜240V） ●付属品：専用アンプ（Fosi Audio BT10A）、ACアダプター
※外部オーディオ機器接続用のケーブルは家電量販店などで別途お買い求めください。
※1つひとつ手作りのためお渡しまで時間がかかります。予めご了承ください。

「田口音響研究所」制作、"音のソムリエ"藤田武志さんも大絶賛の、球体型のスピーカー。球波面スピーカーの構造なら音が立体的に広がり、従来のスピーカーのように音同士がぶつかることなく響きが増幅するのです。重畳し合った音と波動が360度立体的に広がるので、このスピーカーなら長時間聴いても疲れず、脳のα波も増えるなど、とことんリラックスできるでしょう！　映画の大迫力シーンでも、臨場感を味わえます。さらに「Hi-RinCoil」も内蔵。ホワイト量子エネルギーも加わって、よりクリアで、倍音を含めた贅沢な音質を楽しむことができます。もちろんBluetoothにも対応で、CDプレーヤーやスマートフォンを音源にしてもお使いいただけます。

量子波音響板
（家庭用、Hi-Rin Coil付き）

■1枚 113,681円（税込）
●サイズ：縦92.5cm×横60cm×奥行8.3cm
●材質：木材

ヒカルランド本社１Ｆの音響スタジオ「Hi-Ringo Yah!」にも張り巡らされている、コンサートホール並みの音響効果を作り出す音響板。その音響版をお家でも楽しめるサイズ感でご用意いたしました。ご家庭のテレビやスピーカー横、部屋の四隅に音が反響するよう設置して、ぜひ音楽や映画、ドラマなどをご鑑賞ください！　まるで、全身で音に浸るよう…。リッチで臨場感あふれる音が、より音楽や映像の世界観へとあなたを誘ってくれるでしょう。

板の向き、角度、奥行などは音響効果を計算した上で設計されたもの。有害物質の発生を抑え空気をクリーンにする「ママが選ぶ優しいワックス」で塗装。

「レムリアンハープ」を、秋吉まり子さんのイベントにて体験していただけす。美しく体に溶け込むような音色を、ぜひご自身の耳と心で確かめてみてください！（イベント情報は、5ページをご覧ください。）

レムリアンハープ・クオリアル

「クオリアル」はレムリアンハープの中でも、ドとレ＃を3オクターブ半繰り返した、12音階的にはたった2つの音で構成されたライアーハープ。完全に響きあうオクターブの世界が2つ、個性的なまま調和する世界をお楽しみいただけます。それはまるで、女性と男性しかいない人類が、たくさんの美しい物語を地上に産み出しているよう。

主観的概念で自分が感じているものは、実は前世も含めた過去の記憶によって影響されているものです。「確信」ほど危ういものはないと、私は思っています。純粋でまっさらな宇宙創造のときの、神の感覚に戻ることが出来たなら、この世はまったく違うものに感じられるかもしれません。今までの世界をまったく違う次元から感じてみる。「クオリアル」は、そのために生まれてきました。「クオリアル」のある生活が、あなたの世界をさらに自由に美しく彩ることができますように。

■販売価格：330,000円（税込）

●サイズ：長さ約58cm×幅約29cm×厚さ約5cm

不協和音のない「完全なる調和」

AEOLIAL & QUALIAL

レムリアンハープ・エオリアル

「エオリアル」の音階は、基音のAが、432Hz時のC＃とG＃の完全5度でほぼ構成されています。完全5度の響きは純粋に透明で美しく、調和し共鳴しあえる関係の音です。人は誰かに共感してもらえたとき、喜びは倍増して悲しみは半減します。絶望感に苛まれても、共感してもらえれば少し心に余裕ができてきます。その心にできた余裕（スペース・宇宙）にヒラメキや直感として、天界からのメッセージがやって来るのです。「エオリアル」は、私たちにそのことを伝えたくてこの音を選んで産まれてきました。

「エオリアル」はC＃とG＃、最高音だけは地球を現すCの3音で構成されています。「クオリアル」にも同じCの音があって2つのレムリアンハープは見えない世界で繋がっています。ツインの魂のように、あなたがレムリアンハープの最高音を奏でるとき、三次元的には一緒にいなくても（もちろん一緒にいても）地球上のどこかで共振共鳴が起きて、優しく静かに仲間たちのレムリアンハープが答えてくれているのです。

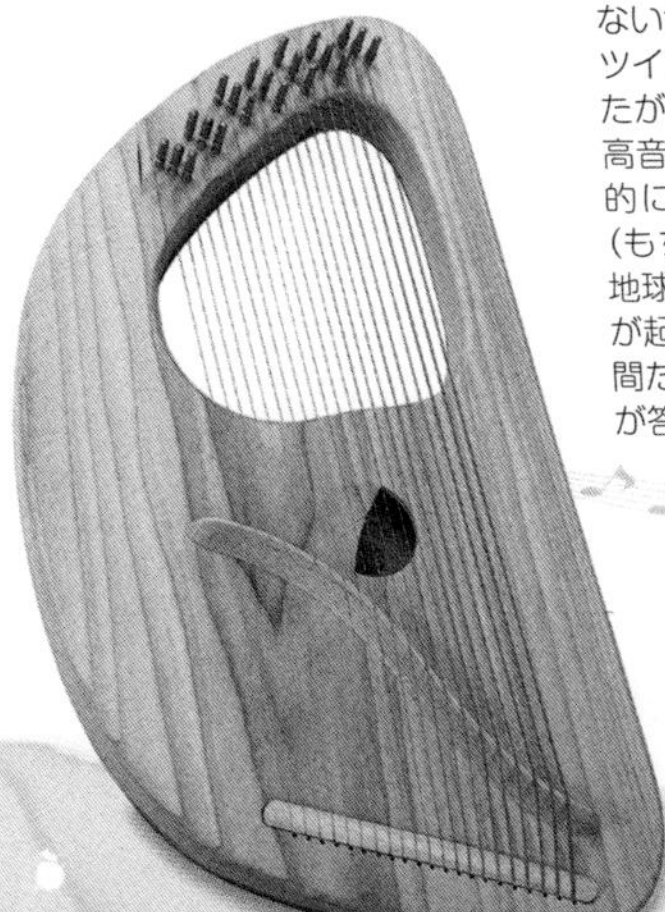

■販売価格：330,000円（税込）
●サイズ：長さ約58cm×幅約29cm×厚さ約5cm

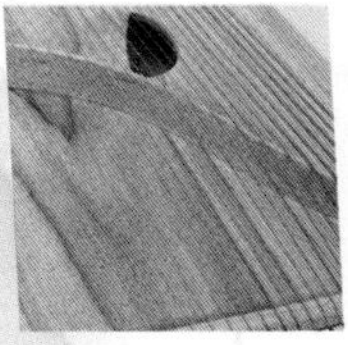

新時代の音楽へようこそ♪

未来を奏でるレムリアンハープ

誰でも自らの内なる音楽を解き放つことで、幸せと豊かさと真実の愛を手に入れることができます…！

ライアー奏者・秋吉まり子さんが伝えるのは、「私はこれが好き！」と感じるその人だけの固有振動数で、純粋に、自由に音楽を楽しむということ。自分から愛があふれ出す、そんな新時代へ導いてくれるレムリアンハープの世界です。

Section 6

いま二人が、一番伝えたいこと！

シュタイナーから生まれたソウルサウンドライアー

秋吉　読者の人に何を伝えたいですか。

今井　それぞれの人間は、毎日、何らかの形で経済にかかわっています。モノを使っていますから、何か買っているわけです。

ということは、もう寄与してしまっている。

でも、自分はどういう目的でこれを買ったのか、これをつくっているのは一体どういう会社なのか、環境によくないことをしている会社かもしれないとか、いろんな可能性があるけれど、それはそんなに考えていないわけです。

領域を分けて考えると、そういうことを考えることが可能だということです。

そういうことまで考えて何を買うか決めたほうがいいとなると、ちょっと調べて買うことも可能になる。

秋吉　最近はみんなインターネットで調べてから買ったりしますね。

今井　今はそういうことができる時代になっています。

1日のうちで、経済の友愛や法による平等や精神の自由を意識する機会は少なくないですよね。

人種差別があったら、それはおかしいとか、どうしてこんなことになったのか、どうしたらいいかとか、平等の問題にぶつかることがある。

秋吉　小さな家の中でも、私ばっかり家事をやっている気がするとかね（笑）。

今井　実はそれだっておかしいわけで、すごく問題なわけです。助け合うことが大事ですからね。そういう考え方につながることなんです。

そういうふうな意識になると、すごく速い。

３つの領域について、自分が何をしているかということを、ゆっくり考えてみる時間をとる。

それが精神の自由を意識する点で一番大切なことです。

秋吉　ゆっくり考える時間は大事ですね。

自分が疲れていると、「何でやってくれないの」と、思わず言いたくなりますが、自由・平等・友愛のところに立ち戻ると、少し落ちついて、「ちょっと待って、友愛的に見ると」と考えられる。

今井　そういうことです。

一番いい感じでお互いに協力できるようにする。

啓子　すてき、すてき。

自然科学が中心になってしまっているから、それを補う形として提案しているんじゃないの。

今井　今は政治家がウソをついている時代なので、道徳も何もないわけです。

しかも、悪いとわかっていて法律にしちゃっている。

今、憲法を変えようと必死になっているということは、人権を拘束しようとしている。

秋吉　政治家の人たちが全員、自由・平等・友愛の発想になっていったら、行動がどんどん変わっていきますよね。

今井　それはそうです。

だから、そうならないように、どんどん悪い法律をつくっているわけです。

差別する法律。

秋吉　なぜですか。

今井　それは権力という悪魔にとらわれてしまっているからです。

秋吉　権力とお金の魅力に負けているということですね。

今井　法律ではなくて権力のほうに関心が向いてしまっている。

三分節化というのは、どこに原因があって、どこをどうしたらいいかということについての方向性を示しているということです。

具体的にどうやるかは、一人一人に任せられている。

秋吉 一人一人に任せられているというのは、逆にすごく希望があるような気がする。

今井 すぐにいろいろつながればいいわけですね。

同じ考え方の人たちがどんどんつながって、広まればいい。

啓子 そうだね。つながろう。広まる、広まる。

今井 いろんな領域の人も同じ考え方でいけば速いですよね。

閉じこもってないで、オープンに、いいことはいい、正しいことは正しい。

人間は良心を与えられているので、悪いことかどうかはわかる力があるわけですから、悪いほうには流れられない。

秋吉 一人一人が自由に自分の人生というものをクリエイトする。

自分の幸せはこういうものだということを自分でちゃんとクリエイト

できる。今はそういう時期に来ているような気がするんですね。

今井　来ているので、まさにチャンスなんです。

秋吉　そしたら、政治家とか、権力がある人とか、プロパガンダとかがどんなメッセージを送ってきても、いや、私の幸せはここなんですと言える。

啓子　だから、自分の頭で考えなさいと言っているんだね。

秋吉　社会は大きいですから、自分で自信を持つというのはなかなか難しいことだからこそ、ここは大事だよねと確認し合える仲間がいるといいですね。

でも、一つ間違うと、悪魔のささやきに耳を傾けた仲間もできてしまう。

啓子　できてしまうけど、それを調整するために、ライアーの響きとか、魂を浄化できるものが必要なんですね。

秋吉　まさにそのためにリアルサウンドライアーが11年前に日本女性の

アカシャ美幸さん（『魂（あなた）の声が聴こえる』ヒカルランド刊）のところにやって来て、その響きで私の魂の浄化が進んだので1年前に私が、レムリアンハープを考案・発表することになったのだと思っています。

11年前、1年前レムリアの新年正月元旦が11月11日と言われていることにも意味があるように思います。

ソルフェジオ音階が111Hzずつ違うなど宇宙の〝音〟と〝数字〟は密接に関わっている。

そして、日本女性であるアカシャ美幸さんと私が望んだわけではないのに、そのような役割に立つことになったのには、やはりそれはそれで意味のあることなのだと思います。

やはりヒカルランドさんから出版されている『いい音・いい波動の教科書』（藤田武志著）に日本人のしかも女性の耳が世界で一番良いとい

うことが書いてあってとても腑に落ちました。

アカシャ美幸さんも私も異様に耳が良いんです。

星の響きまで聞こえてしまう（笑）。

彼女とは2018年エジプト旅行やメキシコ沿岸でのUFOクルーズで一緒に旅をしたのですが、朝ふと奏でたくなって船の甲板にあがると彼女が来て2人でライアーを奏でたり、夜、星に誘われてライアーを奏でに行くと彼女がいたり。

一緒に行った他の方からは、「一緒に奏でるなら誘ってよ！」って怒られるのだけれど、別に事前に約束した訳ではないの。

おそらく地球全体・宇宙全体の響き、というか波動というかを感じて、今やるべきことをただ自然にやりたくてやっていると、こんな同期現象のようなことが普通に起こるんです（同期現象についてはメトロノームの実験などが有名ですね。ぜひインターネットで探してみて下さい）。

私、アカシャ美幸さんとレムリアの最後の瞬間に姉妹として、海辺の国を治めていた記憶があるんです。

それだけでなく何度もくり返し前世で一緒だった。ある意味この出会いは約束していたのかもしれません。

彼女は仲間たちの命を救おうとしていた、私は仲間たちの美しい波動を守ろうとしていたのです。

今のそれぞれの活動にもそんな違いが現れているように思います。

深く命(波動)の神秘さを見極めようとする彼女。

人も音も波動の美しさを重視する私。

アプローチは対極でありながら、求めているところは同じだと思っています。

アカシャ美幸さんと私は、揺らぎながら干渉し合うことで、お互い、宇宙的役割を果たしているのでしょう。

そんな宇宙的役割を世界中の人が出来るようになるために、ソウルサウンドライアーやレムリアンハープが、今、降ろされたのだと思うのです。

宇宙的役割を行うことができる人は、オーラは透明になって、その人だけの輝きが溢れ出して来ますね。

今井 オーラを見ることができる人は、どの道徳レベルか、色彩で見えるそうです。今はそれが見える時代になっている。

秋吉 それが当たり前になってくるんですね。

今井 見ればわかるので、もう悪いことはできなくなる。

そういう時代が、次の時代です。

啓子 ウワー、楽しみだねえ。

秋吉 ごく自然にしていて、何か心地いいな、話していて楽しいなという人と一緒にいると、自分にとっての幸せに近いものを共鳴し合えるんですね。

それが最終的に一番強い力のような気がする。

自分にとって何が幸せか知っている人が、自分の幸せを、ただただ紡いでいく。

レムリアンハープはそのために、今、宇宙から降ろされたように思うんです。

天上界では決着がついている天使と悪魔との戦いが、地上ではまだ続いているから「そろそろ気が付きなさい。もう天使側が勝利していますよ！　天国の楽園の波動をそのまま写しとって生きてごらんなさい。地上が実は天国だったと解るから」と。

レムリアンハープは天然のポプラの木のボディと楓のブリッジスチールの弦で出来ています。

杉原梨江子さん著の『古代ケルト 聖なる樹の教え』（実業之日本社）にはポプラは「風の精霊の宿る樹木」であり「魂の耳で聴く樹」そして楓は「運命の知らせ」「すべてが意味をもって神託を告げる樹」だそうです。

スチールなど金属は宇宙からの贈りもの、木は地球からの贈りもの。

レムリアンハープ

それを人が奏でることによって、なぜ今、この地球にこの身体で生きているのか。

それがわかるようになるのだと思います。

レムリアンハープが産まれた経緯は、それこそ一冊の本になるほど不思議なエピソードで満ちています。

これも、天界での天使と悪魔の戦いに決着がついていて、天使が地上をレムリアが出来たばかりの頃の美しく透明な愛に満ち溢れ調和のとれた世界へ誘ってくれているのかもしれませんね。

権力・財力・影響が大切だと思っている今の価値観を持って悪魔に力を与えているのは、実は私たち一人ひとりだったことに気がつけば、自然と天使と同じ波動で生きることができるようになって、天使からの導きと共に生きることができるようになるのだと思います。

子供の頃に天使が私に教えてくれたとおり、天使はいつも変わらずずっとそばにいてくれるのですから。

天使という言葉に違和感のある方でしたらサムシング・グレートとか、神さまとか、仏さまとか、その人の信じるもの何でも良いと思います。

今の自分をそのままに愛して今ここにある幸せに気付いて味わい尽くす。


自分の人生と自分を信じて今目の前のことに意味と幸せを思い出すことに夢中になる。レムリアンハープのブリッジ楓の木が「すべて意味をもって神託を告げる樹」であるのは、偶然ではないと思います。

そんな風に自分と自分の目の前の人を大切に幸せを感じる瞬間を重ねていたら、それは本当の意味で幸せな人生なのだと思います。

そして天界での決着がついていて、その影響が地上にも波及していますから、そんな天使的波動の人は、天使だけでなく地球の人々からも注目されて結果的にとても自然な形で権力も財力も影響力がついて、天使のお手伝いがやりやすい状況になるように思います。

レムリアンハープエオリアルが２０２１年12月に、クオリアルが２０

22年2月に、ヒカルランドから発売されました。購入された方に本来の魂のプログラムが発動してしまったとしか思えないことがたくさんあります。

子供の頃からなりたかった職人の道を50歳過ぎてから歩みはじめたり、演奏家になったり、イベントを自ら企画したり。

「本来の魂のプログラムが発動する!」って話をしてくれた方もレムリアンハープを購入して、私の基礎講座を受けてくれた方です。

人生の捉え方がまったく変わるようです。

そうすると心の底から感謝の想いがあふれますから、過去の出来事(過去世も含めて)がまったく違うように見えて、辛い悲しい記憶が「このおかげで!」と思えるようになる。

そんな感覚が魂に深く刻み込まれたらどんな輪廻転生をしても何も困ることがない。不安がなくなるんですよね。

今井　それで輪廻転生が保証されているとすれば、強いですよね。

秋吉　誰にも左右されることのない強い自分でいられるということになりますね。

今井　精神的にはすごく楽ですよ。

秋吉　かえって楽ですよね。これは儲かりますよとか言ってこられても、へえ、私は関係ないわという感じでね。

Section 7

シュタイナーの宇宙進化論と意識魂の時代とは !?

歴史の中から未来の萌芽を見出していく「歴史徴候学」

今井 それぞれの民族ごとに、民族霊、民族を指導するような力を持った神様が1人あるいは複数、必ずいるというシステムになっているんです。

フランス革命を支えた民族の人類史的な役割は、人類で初めて内側から革命を起こすことでした。

フランスには人類全体の中で最先端のことをやらなければいけないという使命を持った天使がついていて、それでフランス革命が実行されたと、シュタイナーは見ているんですね。

それが失敗しそうになったことが歴史的にあるんです。

イギリスとフランスの百年戦争でフランスが負けそうになって壊滅状

態になる段階に入ったときに、ジャンヌ・ダルクが出てきてフランスを勝利に導きました。

フランスという国がなくなると革命ができなくなってしまうので、これは絶対に阻止する必要があるということで、霊界から送られた使者がジャンヌ・ダルクだったのです。

それを徴候として見ていたかどうかはわからないけれども、そういうふうに関係はあるということです。

歴史徴候学というのは、未来を見通す力というか、こういうふうに不思議な人が出てきて、負けるはずが勝ってしまったのはなぜかということを考える学問です。

秋吉　歴史徴候学的に見ると、もしかしたら今もジャンヌ・ダルクみたいな人が出てくるかもしれないということですか。

今井　いや、人類の中でそういう革命が起こって、価値基準も方向性も出されているから、あとは一人一人が勉強していくという段階なので、そこを今やらなきゃいけないということですけれども、そういうメッセージが伝わるかどうか。

秋吉 シュタイナーが特別な能力を持った人だから、そこを見抜けたわけではないんですね。

今井 そういう力を持った人がふえているわけです。

秋吉 100年たって、シュタイナーと同じように見通せる人がふえてきていると。

今井 新しく生まれてきた人ほど霊的能力が高くなっているので。

秋吉 それは私も感じますね。

啓子 歴史を縄文時代、弥生時代というふうに学ぶのではなくて、今の世の中を見ながら、どうしてこうなったんだろうというふうに、1つ前、1つ前というふうに見ていくことが歴史徴候学なのかなと思ったけど、そうじゃないの？

今井 歴史徴候学的な歴史の見方や時代区分もあるんです。

歴史徴候学的には、15世紀が現代社会の始まりで、それが大きな転換点なわけです。

時代がいつ変わって、それがどんなところにあらわれているかということを読み解く。

中世というのが、ちょうど真ん中の時代になっているわけです。

例えば、小麦の値段が一番安かったのはギリシャ時代で、なぜかというと、奴隷制だから労働力は無料なんです。それから物価はどんどん上がって、現代社会は高い段階に入っている。

ちょうど真ん中でバランスがとれていたのが中世です。

物価すら、人類全体の変化とか成長とかかわって決まってきているので、そこに気がつくかつかないか。

徴候は明らかにいっぱいあるので、そこに気がつきなさいよということです。

秋吉　どこの時代に当てはめていくかで、今、自分がどこに立っているかを見抜くのは、それはそれで別の能力のような気がしますね。

シュタイナーは、2160年ごとに時代が大きく変わっていくと言っている

秋吉　3つの段階についてお話ししていただけますか。シュタイナーさんは、2160年ごとに時代が大きく変わっていくと言ってますね。

今井　太陽や星の位置との関係で、そういう周期で大きく成長していくんです。

秋吉　2160年も、前期、中期、後期と、3つに分けているんですね。

今井　720年ごとに3つに分けています。

秋吉　実は、今はもう意識魂の時代に入っていて、その前期が終わるのが、あと111年後ということですね。

今井　そうです。

秋吉 111年たつと、意識魂の中期、本格的な時代に入っていくと。

今井 そうですね。

秋吉 このタイミングで、この本が出るというのはすごいことですね。

今井 すごいことです。

啓子 すばらしいね。

秋吉 しかも、2022年というのは、2とゼロしかない。200年後の2222年、すべての2の年には、完全に本格的な意識魂の時代なんですね。

今井 不思議ですよね。

秋吉 意識魂について説明していただけますか。

シュタイナーは、意識魂の時代はどういう時代になると言っているんでしょうか。

今井 意識魂の時代というのは、全ての人が自分の考え方で新しいものを生み出せる時代です。

秋吉　まさにシュタイナーが見ていた時代ですね。

今井　そうですね。それが実現しつつある。

人はどこから来て、どこへ行くのか

啓子 人間が進化していくと、その先はどうなるの？

今井 肉体がなくなって、植物的になってくる。

秋吉 意識魂の時代になると、最終的には肉体がなくなっていくということですか。

今井 最も物質的になった時代はもう終わって、物質がだんだん柔らかくなっていくんです。

今は地球全体が硬い大地になっているけれども、だんだん水っぽくなってくる。

そういう大きな変化が進んでいくことになっているんです。

秋吉 地殻が緩んでいくということですか。

今井　そうです。

秋吉　それは大体何年後ぐらいですか。

今井　今は地球期ですが、次の木星期には。

秋吉　２１６０年後ですか。

今井　もっと先。

秋吉　その柔らかい地球の上では、人類はいられないわけですよね。

今井　でも、人間は、かつて液体しかない状態のときは泳いでいたりすることもあったし、空気だけのときは、空を飛ぶ鳥だったわけですからね。

だから、鳥のほうが人間より先なんです。

啓子　おもしろいね。

今井　そういう大きな変革がある。

秋吉　そこまで行くと、だんだんついていけない感じになりますね（笑）。

想像の翼を、もうちょっと広げます。

シュタイナーが見ていた世界って、おもしろいですね。

今井 せいぜい1000万年とかで、1億年とかいうレベルではないみたいですけどね。

シュタイナーは、心臓を取り出してみると、科学者は、この心臓はいつまでも動くと言うけれども、心臓を取られた人間のほうは死んでしまうので、それと同じように、地球も生きているので、同じ状態がずっと続くのではなく、実際はすごく変化しながら生きているわけです。

それを勘定していないから、途方もない年数になっているけれども、それは全然根拠がなくて、ムチャクチャだということです。

だから、実際はもっと変化のスピードは速いんです。

そういうことも言われています。

太陽の話もしていますね。

秋吉 太陽は本当は熱くない。

今井 シュタイナーは最初から、近づけばわかる、太陽は熱くないんだと言っていて、最近はそれが証明されたみたいですね。

そういうことがいっぱいあるんです。

啓子　月は地球から飛び出したというのも証明されているものね。

太陽も月も地球の中に合体していた

今井 最初は太陽も月も地球の中に合体していたんです。太陽が最初に飛び出して、次に月が飛び出した。

飛び出すことによって、それぞれ関係が違ってくるわけです。

月が飛び出したということは、それぞれ含まれている物質の変化を調べた結果、それが正しいことが証明されています。

啓子 地球と同じようなものがあるんでしょう。

今井 そうです。

秋吉 地球からちぎれていったから、月はいつも地球に同じ面を向けているという話を聞いたことがあるんですが、これは学術的に証明されているんですか。

今井　ダーウィンの甥の人が証明したという記事がありますね。

啓子　学術的にちゃんと認められたんですよね。

それで、そのうち地球に戻ってくるんでしょう。

今井　地球に少しずつ近づいているんです。

秋吉　それもシュタイナーは言っていたんですか。

今井　そうです。

シュタイナー学校での教育

秋吉 シュタイナー学校の科目は本当に特殊ですものね。日本のシュタイナー学校で、日本の小学校卒業と同じ資格を取れる学校はあるんですか。

啓子 法人資格を取っているのは、藤野と、北海道と、あと、大阪も取っているかな。

今井 あそこは法人というよりは、いわゆるユネスコのグループに入っているんですね。

秋吉 国際的な基準を満たしているということですか。

今井 ユネスコスクールみたいなのは日本にもたくさんあるんですよ。普通は公立とか私学で、シュタイナー学校は別のカテゴリーの学校なんですけれども、認められたんですね。

Section 8

ライアーの音は
生き物であり、
宇宙音楽である！

音体験そのものを拡大すること!
音から何かを取り出そうとすること!

秋吉 ライアーに出会って私の中で何が起きたのか、いろいろ考えたんですね。

シュタイナーは、講演の中で音体験という話をよくしています。音を体験するという感覚はちょっと独特な世界観だなと思っていて、音楽を聴く、音楽を奏でる、音楽を自分でつくるというのは、まるで自分の外にあるものに作用していくような感覚に現代人はなっているんですけれども、まさに私がライアーに出会って弾いていたのは音の体験だったんですね。

実際に音をたててみて、この振動が耳や皮膚から自分の体内に入ることで、何かわからないし、はっきりは言えないけれども、内臓から脳に対して何か作用があるというのをすごく感じたんですね。

その部分に夢中になっていたら思考が止まって、生身の自分という人間の肉体を感じた気がして、どうしようもなく私は生きているというところにたどり着いてしまったんです。

私の娘は小学校のときに不登校だったんですね。それは10年ぐらい前で、今はそんなことは言わないと思うんですけれども、そのときに担任の先生から「小学校も出てない子は、この先、未来がないですよね」と言われたんです。

人の子のことを何を勝手に言っているんだと腹が立ったんですが、私自身も自信がなくて自己否定をしていたんですね。

ところが、ライアーの音を聴いたときに、私は今生きているということを、どうしようもなく感じると同時に、娘の中にも「生きている」がちゃんとあるのを見つけてしまったんです。

そしたら、「だって、私、今、生きてるもん。うちの娘もちゃんと生きているし」という感じで不安がなくなったんです。

ということは、無限の可能性がある。

音体験をしたら、底つきをして、プラスのほうに感じられるようになったんです。

シュタイナーは講演の中で「音体験そのものを拡大すること、つまり、音体験に対して深みに入っていくこと、あるいは、音から何かを取り出すこと、音そのものの中に何かを体験すること、1つの音からメロディーとしてあらわれる体験。音が鳴るときに、その音からメロディーが流れてくる」と言っていて、ユニゾン体験を重視しているんですが、まさにこれだなと思ったんです。

言葉で言うのはちょっと難しいんですが、たった1つの音なのに、この音を感じることができる私はちゃんと生きていて、同じ音を奏でていても、そのときそのときによって微妙に違っている。

同じ弦をはじいているのに、時には私の心が呼応して、次の音をどうしても弾きたいとか、1つの音の中にある細かい細かい音の成分をもっともっと感じたいと思ったり、そんな能動的な、躍動感にあふれる活動が止められないようなものを自分で感じたんですね。

シュタイナーは、音体験そのものを拡大すること、つまり、音体験に際して深みに入っていくこと、音から何かを取り出そうとすること、音そのもので何かを体験することと、繰り返し言っています。

私は音だったんですが、実は全ての芸術と言われるもの、色だったり、形だったり、そういったものを感じるとき、人間の魂は震えるのかなと思うんですね。

ここには、娘や私を縛っていた世の中の常識とか、お金のあるなしとか、お金を稼ぐ能力があるとか、そういうものとは全く別の価値観がある。

それを感じることによって、自分の中にはこれがある、目の前にいる人にもきっとあるだろうけれども、私じゃないから、私には感じられない何かがきっとこの人の中にもあるのだろう、それは何? と、純粋に興味が持てるようになったんですね。

そんなふうに娘を見たときに、とても魅力的に見えたんです。

学校に行ってないとか、これから先の成績はどうなるのとか、将来どうなるだろうとか、そういう不安とはまるきり別の視点で、彼女は私とは違うものを持っていて、それが拡大していったら、この子は自分の中にあるものを使って一体どんなふうに人とかかわっていくのだろうと思ったら、すごく楽しみになったんです。

シュタイナーは、そういったことを言っていたのかなと私は思ったんですが、どうでしょうか。

今井　そのとおりだと思うんです。

「生命エーテル」という表現をしたりするんですが、目に見えない世界に生き物がいるわけです。

それは生き物として明らかに存在しているけれども、目に見えない。音というのは生き物で、霊的な力があると直接接触できる、そういうものなんです。

だから、普通の人にはなかなか感じられないところではありますね。音というのは、波動と思ってしまうけれども、波動というよりは、生きているものなんです。

音は霊的なもので、人間にとってあらわれる表現としてあって、実際の音が響いているときは波動になっているところもあるでしょうが、波動のもとは生き物なわけですね。

だから、生きた存在自身に接触することができたとき、先ほどおっしゃられたような深みに達する。

普通は霊的な世界には入れないわけですけれども、ライアーのような特別の楽器の場合は、そういう音を表現できたりするわけです。

そういうものは少ないわけですが、かつては宇宙音楽ということが言われていて、病気を治すために使われたりしていたんですね。

秋吉 それは古代の地球で?

今井 ギリシャ時代には、そういう流派もあったんです。

秋吉 エジプトでもそうやって治療していたようですね。

今井 だから、音というのは特別な存在なわけです。アトランティスの前のレムリアのときは、まだ宇宙音楽を聴くことができた時代だったと言われています。

秋吉 実は、前世にレムリアで生きていたころの感覚が私の中にあって、空気がその響きに満ち満ちていて、生命力にあふれていたんですね。

今井 それは生命エーテルそのものですね。

秋吉 あれは生命エーテルということだったんですね。

今井 そういう言い方をします。

生命エーテルとは何か

秋吉　生命エーテルの解説を少ししていただきたいんですが。

今井　エーテルはエーテルで独自の世界があって、地球もエーテル体があるし、人間もエーテル体があるんです。

宇宙エーテルの一部が人間のエーテル体になっているので、そういう意味では宇宙のエーテル体と人間のエーテル体もつながりがあるわけです。

両方が完全につながった状態になったときに、それがわかる。

秋吉　ほかの世界で「気」と言っているものと同じものなのかなと思うんですが。

今井　そういうのと似ています。

秋吉 私は小さいときから、自分は何で生きているんだろう、死体と私の違いは何だろう、何があると心臓も何も動かなくなって地球に帰ってくるんだろうという思いがすごくあったんですね。

今井 生命に対しての関心がすごく強かったんですね。

秋吉 すごくありましたね。こういうものを感じることができたり、生きていて呼吸をして、こうやってお話ができるのは、私の一部が宇宙エーテルとつながっているからなんですね。

今井 普通は宇宙エーテルと切り離されて体の中に入っているから、直接的には響けないわけですが、特殊な力がある人は、それをつなげられるんです。

だから、わかる。

秋吉 そういうことなんですか。

これは誰でもできることですか。

今井 霊能力というか、目に見えないエーテルを感じることができる感覚は、全ての人にあるわけではないですね。

だから、秋吉さんは、そういう力を持って生まれていらっしゃるのでしょう。

秋吉　そういう人は、これから先、ふえていくんですか。

今井　もちろん、ふえていくことは確実です。

だからこそ、ライアーのようなものができているわけです。

秋吉　私はそんなにテクニックがあるわけでも音大を出ているわけでもないのに、この音を聴くと涙する人がいるんです。

今井　それは生きた音だからです。

秋吉　海外からも問い合わせがあったりするんですが、それは今の世の中で、そういう感覚を取り戻す方がふえてきているということでしょうか。

今井　ライアーを聴いているうちに、だんだんそういうふうになってくるんじゃないでしょうか。

だから、すごい時代に入っている。

秋吉 私が一番初めに今井先生とお会いしたときに、「これは天界の音ですね」とおっしゃってくださったのは、先生もきっとつながっているんですね。

今井 ひょっとして、そのときだけはつながったのかもしれない。

そうとしか思えない。

秋吉 大学教授の先生に、しかもシュタイナーを専門に研究されている方に言われたのは非常にうれしかった。

今井 いやあ、本当に驚きましたね。

あんなふうに感じたことはそのときまで一切なかったし、音に対してあまり気にすることはなかったので、何かのメッセージとしか思えない。

秋吉 ソウルサウンドライアーを考案したのはアンドレアス・レーマンさんというドイツ人の方ですが、それこそ宇宙のエーテル体と常につながっているような方で、そのエーテル体の一部がライアーに宿っているような気がします。

今井　すてきな時代になってきましたね。

秋吉　今度、アカシャ美幸さんがヒカルランドからソウルサウンドライアーの本を出してくださるので、詳しくはそっちを読んでいただくことにして。

レムリア時代の感覚を持った人が、今たくさん集まっている気がします。

シュタイナーも、レムリアの話を少ししていますよね。

今井　そうですね。

音や色が生き物だという感覚はなかなか持ちにくくて、普通はモノだと思ってしまう。

虹は、まさに霊的な存在が動いているみたいで、見える人にはそういうふうに見えるみたいです。

秋吉　実際、濃くなったり薄くなったり、見ている間にどんどん変わっていきますものね。

今井 そういう感覚がだんだんよみがえってくるんじゃないんですかね。

秋吉 音も、一瞬で生まれて、次の音と遊んで広がってというところを見ると、やっぱり生きているものですよね。

今井 みんな生きているんです。

そういうメッセージが、今の時代には常識になってきているかもしれない。

音というものの深さというか、オクターブの聞こえ方も、年代とか歴史によって変わってきていると言われています。

だから、本当に不思議ですよね。

オクターブだけが連動して同時に来る場合もあるし。

秋吉 私が考案したレムリアンハープは、オクターブの次は5度の間隔で、その後、2度半になってという感じなんです。

今井 七五三（しちごさん）ですね（笑）。

秋吉　ここにレムリアンハープが2つあるんですけど、左側は5度の音をオクターブで上がっていく3オクターブ半で、右側のクオリアルのほうは2度半ですが、ちょっと短い3度の幅で、今までは完全5度と完全3度だったのがちょっと進化している。

完全5度の安心感の中から、ちょっとだけ次の世界にいざなう。

そんな音の配列になってたんだなと思います。

今井　そこまで精密にできているんだ。

そういう時代になってきている。

秋吉　自分で自信を持たないと、こうですと言うのはなかなか難しいじゃないですか。

私は、わかってもらえない時期があまりにも長かったので。ただ、自分の感覚をちゃんと信じ始めると、例えば本にしても、何となく手に取ってパッと開いたところが必要な部分で、ほら、ここを見なさいという感じなんですね。

そういう形で、見える世界と見えない世界からサポートされている気がします。

今井 応援団がいっぱいついているんですね。

秋吉 でも、本当はみんなそうなんですよね。

今井 本当にそうです。

秋吉 私が特別ではなくて、宇宙というのは誰でもそういうふうにできているような気がします。

今井先生もそうじゃないですか。

今井 私も潜在的力としては持っていると確信していますが、なかなか力を発揮できないですね。

でも身の回りで不思議なことがよく起こります。

秋吉 お仕事で困ったことはないとおっしゃってましたよね。

今井 そうなんです。ウソみたいに全部うまくいくんです。

上から何か降りてきてくれるみたいなので助かっています。

第三の目覚めを体験するにはどうすればいいか

秋吉　自分らしく生きていくとこうなっていくという、読者の人に役立つメッセージはありますか。

私、「それはまり子さんだからでしょう」と、よく言われてしまうんですが、本当は誰でもできるんですよね。

今井　それは、第三の目覚めと言われる状態を体験できるかどうかですね。

秋吉　じゃ、私は無意識のうちに第三の目覚めをしてしまったということですか。

今井　秋吉さんの場合は生まれる前から目覚めていたような印象があります。

秋吉　第三の目覚めを体験すると、そういったところが見えるようになってくるということですか。

多分、みんななりたいと思うんですよ。

今井　目に見えない存在というものを認めることができるかどうかですね。

認めた場合は自分の行動が変わるはずなんです。

そこで、自分の日常的な行動の仕方、歩み方を修正できるか。

そういう考え方を持てるかどうかということです。

秋吉　やっぱり行動なんですね。

今井　何をやるか、やることが一番重要で、今は言葉が死んでしまっているから、しゃべるだけではダメなんです。

自分は実際に何をやったか、新しく工夫したか、そこが全てで、それを改めて考えながら生きていくのが目覚めの基本です。

ひとまず信じてみるということができればいいですけどね。

信じ切って、実際にやってみたら、いろいろなことがよく起きます。

僕はよく忘れ物をするんですが、どこへ行ったかなと何か探しているときでも、どうしても必要だと思うと、すぐ出てくるというようなことはしょっちゅうです。

秋吉 逆に言うと、必要なものは必要なときにちゃんと出てくるからという安心感があるんですよね。

今井 私もそう思います。

秋吉 まだ人間なので不安になることももちろんあるんですけれども、すると、何を言っているんですかと言ってくれる人が出てきたり。この間、私が弱気になったときに、ヒカルランドの伊藤めぐみさんが言ってくれたんですが、それはきっと天使がそういうふうに具体的に言葉として言わせたんだと思うんです。

天使との介在役をやってくれる人が、目の前にちゃんとあらわれてくれる。

これは1円もかからないので、信じてやってみるのがいいことかもしれないですね。

今井 そうですね。

Section 9

悪魔の誘惑と第三の目覚め！

神智学と人智学（アントロポゾフィー）の違い

今井　上に天界があって、下に地があって、両方を見る中間帯に人間がいるというのが人智学の見方です。

だから、あくまで地上に生きている人間とは何かということが基本になって、そこから見て天界はどう見えるか、天界は地上世界の現実とどういう関係があるかということを常に関係づけながら、人間とは何かというふうに考えていく。それが人智学の基本的なスタンスです。

秋吉　この意識をしっかり持っていると、さっき言った第三の目覚めにすごく近づく気がします。

今井　そうです。そういう姿勢をとれるようになれば、それは第三の目覚めだと思う。そういう努力すれば、おのずと目覚められるので、人智学的な考え方を、折に触れて意識化してみるといいでしょうね。

秋吉　上ばかり見るのではなく、どちらも大事にするということですよね。

今井　そうでないと、悪魔の誘惑に負けて堕落してしまう。

下に引っ張られるとアーリマン、上に引っ張られるとルシファー。

生意気になって自分は天界に行けるすぐれた人材だと思ってしまうと、ルシファー的になる。

秋吉　人間は人間であるべきで、上に行っても下に行ってもダメということですね。

今井　そうです。

秋吉　つい、上がいいと思ってしまいますが、それは違うわけですね。

今井　それは悪魔の誘惑なんです。

秋吉　すごくわかります。

少し楽器が弾けるようになったり、人からすてきですねと言われたりすると、私は特別な人、みたいな気分になってしまいますけど、それは本当に危険ですよね。

逆に、地というか、お金とかも実はこの世の中ではまだ大事なので、そこをまるっきりないがしろにして、その社会の人たちとは一切かかわりませんとか、そういうことをしていると本人も困ってしまいますものね。

今ある社会もちゃんと見て、でも、そこに巻き込まれない人間でいる、そういう立ち位置なのかなと、今、お話を聞いて思いました。

そのバランスがとれたときに、第三の目がちゃんと開く。

今井　そうです。

秋吉　シュタイナーが神智学から独立して人智学という自分なりのものをつくっていったと私は理解しているんですが、何よりも、その姿勢や生き方からものすごく学べるなと思っているんですね。

ブラヴァツキー夫人がつくり上げた神智学というものをしっかり学ん

だ後、シュタイナーは自分独自の道をちゃんと行った。

今井 シュタイナーに言わせると、それはちょっと違うんですね。

彼は、自分は神智学は一切読んだことがなかったけれども、神智学協会から頼まれたので、自分なりにこれが神智学だと思うことを語ったと言うんです。

ところが、クリシュナムルティという人物を神のように扱ったり、シュタイナーから見て神智学のほうがおかしくなってきたので、これはまずいということで独立したという経緯はあるんです。

もともと彼は、自分が納得したことしか語らないというスタンスでやっているんです。

アリストテレスとかを全部踏まえた上での人だから、神智学も踏まえたのかもしれないけれども、読んではいなかったんです。

秋吉 そうなんですか。

今井 自分なりの神智学の理解があったから。

秋吉　おもしろい。

ウィキペディアとか、世の中に出ているものを見ると、シュタイナーは神智学から人智学に行ったみたいな書き方をしていますよね。

これは原語で講話を読んでいらっしゃる方じゃないとわからないところですね。

啓子　質問してもいいですか。

アクィナスとかアリストテレスというのはすごい人たちなわけですね。その時代に私たちは何をしていたのかな。まだ地球に生まれてなかったのかな。

生まれ変わりの数が違うと言うよね。

今井　でも、基本原則は５００年ごとに生まれかわるとなっていたようです。

啓子　何にもしないでボーッとしていたのかな。何か情けなくなっちゃう。

すごくやっていたのに、その時は私はずっと寝ていたのかな。

今井　いや、そんなことはあり得ないと思いますね。

啓子さんの場合は、とりわけ努力していたのではないかと。

啓子　同じように生まれても、すごい人と、そうじゃない人がいるわけでしょう。

今井　原則がくずれるのは、時代によって、急激に必要になったときに、たくさんの人が降りてくるということがあるので。

啓子　この変換期に、みんな一生懸命生まれようとしているんだよね。

今井　そう。そういう場合は早まってしまうわけです。

だから、時代によって違うわけで、個人的にもっと早く生まれたいとか、そういう問題ではない。

啓子　でも、変換期でみんな狙って生まれてきているのに、日本は生まれる人が少ないのはなぜ？

今井　産みたいと思う人がいないとダメだということです。

でも、人間が自己再生できるようになるのはそんなに先じゃないことになっているから。

秋吉 エッ、自己再生？

今井 だって、男女に分かれたのはそんなに昔じゃないですからね。

男女に分かれる前は、自分でもう一回若返ることができて、意識はつながっていたわけですから、そこに戻る。

秋吉 ある意味、死がなくなるということですか。

今井 その通りです。

自分を再生産するの力が出てきて、そのもとになるのは喉が変形するからだと、一応予言されていて、それは間違いないだろうなと思ってはいるんです。

言葉をつくり出しているのは喉の動きで、オイリュトミーは、それと同じ動きを体でやるわけです。

体で語ることができるということです。

だから、オイリュトミスト同士は、手足を動かすだけで話が全部伝わるみたいです。

シュタイナー教育のオイリュトミーについて

秋吉 オイリュトミーというのは、シュタイナー学校の教科の1つで、身体芸術ですね。

今井 「オイ」というのは「よい」、「リュトミー」はリズムという意味なので、「よいリズム」ということです。

よいリズムを体で表現する。

秋吉 そのときにシュタイナー学校ではライアーを使って子どもたちに教育をしているんですね。

今井 だから、進化の過程と密接につながっているんです。

秋吉 声の力が弱まったから楽器をつくったと、先生から聞いたような気がするんですが。

今井　それはちょっとわからないんですが、ひょっとして言ったかもしれない。

未来はオイリュトミーを基本とした芸術が一般化するだろうというふうに言われています。

体を動かすだけで言葉が表現できて、それを見るだけで言葉が伝わる。そういう時代が来るということも言われています。

オイリュトミストが集まったときには、口で話すのは面倒だから体で話す。

すると、みんなよくわかって、話もすごくおもしろいと、はたりえこ先生は言ってました。

啓子　それは手話とは違うんですね。

今井　手話とは違います。
だって、手話は、こういう表現はたぶんはこうするとわかりやすいじゃないかと、人間が決めたわけじゃないですか。

オイリュトミーは、その言葉を発声するときに喉の位置とか形がどうなっているか決まっているので、同じ動きを体でやるんです。音が響いているところの動きを肉体でそのまま表現する。

人間の体自体が楽器だというふうに言われていて、それを常に体で体験していると、そういう感覚になって、体全体を楽器として認識できるようになるみたいで、それに基づいて動いている。

だから、手話のように、人間がちょっと工夫してつくったものとは全然違う。

目に見えない存在そのものの動きみたいなものをまねするという霊的な模倣の話で、それと地上の模倣は全然違う。

啓子　できる人はうらやましい。

秋吉　オイリュトミーの中に、上から見たときに図形を描くように同時に動くというのがあるじゃないですか。

真っすぐ前を見ているのに、後ろの人たちの気配を感じて、ぶつかることなく動けるんですよね。

啓子 私もはたりえこさんにちょっとだけ習ったんだけど、こうやってやるだけで五芒星が書けるんです。あれは不思議。

今井 空間を感じられるようになるみたいですね。

秋吉 ある意味、超能力ですよね。

啓子 あれは誰でもできるの。

今井 みんな超能力はあるけれども、発揮できないだけなんです。

――オイリュトミーの原型は、シュタイナーは何から持ってきたんですか。

今井 それができる20歳ぐらいの人を見つけて、最初はその人にやってもらって、いろいろ洗練していったのだと思います。

秋吉 教育だけでも、各教科の発想がすごいのに、それプラス、バイオダイナミック農法とか、建築とか、音楽の分野でも、その時代のトップレベルの人が想像もつかないようなことを言って発展させてしまう。

今井　神わざですよね。

――　学校ができたときには、既に全て完璧なものだったんですか。

今井　完璧とは言えないでしょうけれども、基本的なところは一応できていて、あとは工夫してやりながら助言していくという形ですね。

秋吉　日本のシュタイナー学校の先生は、日本の教員プラスシュタイナーの教員資格を持っていないと教えることができないんですね。

今井　だから、余分に勉強しなくてはいけないから大変ですよ。でも、すごくやりがいがあるのでやめられないと言ってました。

〈シュタイナーが語る『バイオダイナミック農法』について〉

啓子　最後に皆さんにお伝えしたいことがあります。

それは、シュタイナーが提案した農法のバイオダイナミック農法です。

以下、シュタイナーの言葉と資料より構成しています。


今日の栄養は私たちの身体を司る精神を支えるための必要な力をもっていません。

思考から行動への橋渡しができるほどの栄養が無いのです。

食用の植物はその力をもはや失ってしまっているのです。

全地球上のできるだけ多くの場所に調剤を使用することで地球は癒され、そこで出来る生産物の栄養は改善されるでしょう。

宇宙的な自然のリズム（星、月、太陽、季節など）の力を農法に取り入れ、農場を1つの有機体として捉え、その中で種、餌、肥料など循環させ、更に〝調剤〟と呼ばれる農場のためのエッセンスを使うことで、地球を癒やすために考案された有機農法であるバイオダイナミック農法の目標の一つは、身体、心、精神の中にある人間の潜在能力を滋養する食物を生産することです。

ルドルフ・シュタイナーの死の前年1924年、ドイツのコーベルヴィッツ（カイザーリンク伯の農場）における八回の連続講演から、バイオダイナミック農法は始まりました。

この講演は筆記され、現在『ルドルフ・シュタイナー農業講座』として日本語に訳され出版されています。

この本より引用します。

「バイオダイナミック農法は、天体から地球上の「生命」に影響をおよぼしている、宇宙的な生態系の原理に従った農法です。

大地、鉱物、植物、動物の全体的連関を考慮するバイオダイナミック農法では、有機体としての農場とその周囲におけるさまざまな要素の間に適正なバランスをつくりだすことを重視しています。

そこには、作物、耕作地、草地、森林、家畜、調剤、肥料等の関係性を調整することもまた含まれます」


シュタイナーの「農業講座」が行われた、1924年当時に結成された実験グループは、その後普遍アントロポゾフィー協会本部ゲーテアヌムの自然科学部門との共同作業を続け、バイオダイナミック農法の理論と実践とを深めていきました。

戦後再び世界各国で発展していったこの農法は、現在世界各地で営まれ、多数の実践団体、センター、研究施設が存在し、技術者養成コース、実践農家によるガイダンス等も常時行われています。

日本では、熊本県阿蘇山麓で「ぽっこわぱ耕文舎」が、バイオダイナミック農事暦ともいうべき『種まきカレンダー』を毎年翻訳出版しています。日本の風土に合ったバイオダイナミック農法を実践しています。

その他、北海道や他の地域でも少しずつバイオダイナミック農法を実践する農場が増えているところです。

オーストラリア、ニュージーランド、アメリカ合衆国、ヨーロッパの農場はすでに良好な実績をあげており、ドイツやオランダなどでは環境を保全する農業として、公的機関の賛同を得て積極的に推進されつつあります。

バイオダイナミック農法の詳細は、バイオダイナミック農業の国際認証団体であるデメターをご覧ください。

https://www.demeter.net/

また自己紹介の写真でダイナミゼーションとありますが、ダイナミゼーションはバイオダイナミック農法で大事な作業となりますが、その意味は以下となります。

〈ダイナミゼーション〉

◆作用
根の形成に助け、土の活動を高める。
細菌、微生物、地中の虫などの繁殖を助ける。
肥沃さを増し、繁殖を増す。
冬の力を運び、新鮮にし、露の沈殿を増す。
樹液の循環を刺激する。
その働きは土中の鉱物層を溶かし土中に鉱物質を浸透させる。

◆材料

雌牛の角
雌牛の糞（フレッシュな）

◆使用方法

10～20gの調剤500番を約5～10リットルの雨水（1反当り）に入れ、約1時間ダイナミゼーション（樽に水を渦巻き状にかき混ぜ、その渦巻きを壊し反対の渦巻きを作る）を1時間する。

その渦巻きを作り、壊すことにより500番のもっている力がその水に刻印されていく。

ダイナミゼーションした後、すみやかに散布する。

散布には天然素材のほうきを使い、ほうきに液を浸し、それを8の字を描きながら散布したい大地に振っていく。

時間は夕方、大地が内に向かっていく時がよい。

以上、北海道のソフィア・ファーム・コミュニティーのホームページから一部引用しておりますが、こちらをぜひお伝えしたいと思いました。

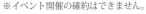

今井重孝　いまい　しげたか

愛知県生まれ。教育学博士（東京大学）西ドイツ政府留学生としてボン大学に留学。

東京工芸大学教授。広島大学教授。青山学院大学教授。を経て現在は青山学院大学名誉教授。「社会の未来を考えるホリスティック教育研究所」主宰。

ニクラス・ルーマンのシステム論とシュタイナー思想をつなぐこと及び現代の教育学シュタイナー教育学をつなぐことに関心を持つ。

シュタイナー思想の講座や勉強会や講演会などで講師を務めている。

著書：単著『〝シュタイナー〟「自由の哲学」入門』（イザラ書房）、共編『システムとしての教育を探るー自己創出する人間と社会』（勁草書房）、共編『命に根ざす日本のシュタイナー教育』（せせらぎ出版）、共監訳『比較教育の理論と方法』（東信堂）、翻訳『社会問題としての教育問題』シュタイナー著（イザラ書房）などがある。

今井啓子　いまい　けいこ

農園（福島県鏡石町）の48区画の一つ区画オーナー
メンバーとしてアグリキャンパスに参加する」
NPO法人マグノリアの灯
「微力ながら市民活動のような事をしてきました」
もし自己紹介を一言で説明して下さいと言われたら、他にいう言葉が見つからないと思う。
ただ、平和な世の中にしたかった。だから子どもの頃から平和な世の中にするには、自分には何ができるかと模索し続ける。中学生の時、宗教が原因の戦争が多いことを知り、宗教ではないものを探し求める。その後、真理が描かれているという宇宙哲学に関心を持つ。最初にシュタイナーの著書『神智学』に触れ、シュタイナー思想は人類の進むべき道を示していると思い現在も学び続ける。とっても素敵な思想だと思ったので、シュタイナー思想を周りの人たちと共有したいと思った。そこでシュタイナー思想の研究家やオイリュトミストを講師に招いて、講演会や講座や勉強会を同じ想いの方々と何度も開催した。
1999年NHK BS番組『エンデの遺言』の内容を知らずに観る。ドイツの作家ミヒャエル・エンデが短い期間だがシュタイナー学校に在籍していたことがあることと画家である父がシュタイナー思想の影響を受けているアントロポゾフィストなので、番組のタイトルに惹かれて観た。

だから、テレビを観ているうちに、お金がテーマだと分かった時には驚いた。しかし番組でエンデが、「全ての問題（環境問題・貧困・戦争、精神の荒廃）の根源はお金のシステムにある」という言葉が印象的だった。そしてエンデの最後の言葉「お金は必ず変えられます。人間が作ったものだから」が心に強く残る。番組で一つの解決方法として「地域通貨」の手法を紹介していた。友人らと実際にまずやってみようということになり、2001年『地域通貨の会　まちだ大福帳』を立ち上げ少しずつ実行する。（現在は休止）
2002年に『まちだでドキュメンタリー映画を上映する会』を結成する。現在の問題の現状を伝えるものや、問題を解く鍵となるドキュメンタリー映画の自主上映会＋講演会を何度も開催し現在も継続していきたいと思っている。
同年、『九条・まちだ（無党派市民グループ）』を知人らと立ち上げて、関連のある映画上映会や講演会や通信発行など、現在も継続している。（小さな活動は他にもたくさんあるけどここでは省略しておく）
2017年、夫今井重孝が立ち上げた「社会の未来を考えるホリスティック教育研究所」で、講演会企画や連絡係を夫のマネージャー役として務める。現在は『12感覚論』『社会問題としての教育問題』『一般人間学』『12星座の秘密』の講座のお手伝いをしている。
2017年８月に知り合ったライアーニスト秋吉まり子さんから「レムリアンライアー」でのセルフヒーリングを学び、現在、音と癒しの

時間を楽しんでいる。この楽しさを周りの人に伝えていかれれば幸せに思う。また、2020年秋や2021年４月から一年間、まり子さんが主催者で夫今井重孝が講師の『12感覚論講座』を主催して下さった。夫と共に私も学ぶ機会をいただき深く感謝している。まり子さん、ありがとうございます。
共著『ピースフルな子どもたち－戦争・暴力・いじめを超えて－』（せせらぎ出版）

今井啓子 と 今井重孝は「地球の空と大地と水と私たちの心をきれいにする農業に参加2018年～2021年現在は伝えて繋いでいくことを模索している。

秋吉まり子　あきよし　まりこ
レムリアンハープ考案者
ソウル サウンドライアー奏者
ハーモナイズサウンドセラピスト
スピリチュアルヒーリング博士
ドルフィン＆ホエールスイマー

沖縄宮古島ユタの家系に産まれ、
教育マニアの祖父の影響でシュタイナー教育のエッセンスを受けて木と動物たちの中で育つ。

そのためか2016年３月屋久島で出逢ったソウルサウンドライアーに一瞬で魂を奪われてライアー奏者になる。

2017年８月に150名が集った『ホピの予言』上映会の主催者して今井啓子さんと出逢う。

そのご縁で啓子さんの主催する『ホピの予言』上映会にてソウルサウンドライアーを奏でさせていただき、その時に今井重孝教授より演奏を『天界の調べ』と絶賛していただく。

それをキッカケに今井重孝先生ご夫妻との交流を深め、今井先生が名誉教授になられたのをキッカケに2020年から自宅サロンでシュタイナー12感覚論講座を開く。

見えない世界を独自の感性で理解していたことが、シュタイナーを学ぶことにより、体系化。より安定して波動を高く保ち続けられるようになり、活動が世界規模に。

2018年４月のベトナムでの演奏を皮切りにロシア スペイン バリ島 イギリス ドイツ エジプト カリフォルニア メキシコ 等コロナの緊急事態宣言までの１年半間に10ヵ国11回の海外で演奏を導かれるようにして行う。

2018年からイルカやクジラとのご縁がより深くなり、地上のイルカとしてライアー演奏活動を展開中。

その幸せな波動をレムリアンハープとソウルサウンドライアーに乗せて世界176カ国に配信中。

https://lit.link/lyra10mariko

全てのはじまり　シュタイナー

その予言、教育、そしてライアー

第一刷　2023年5月31日

著者　今井重孝・今井啓子
秋吉まり子

発行人　石井健資
発行所　株式会社ヒカルランド
〒162-0821 東京都新宿区津久戸町3-11 TH1ビル6F
電話 03-6265-0852　ファックス 03-6265-0853
http://www.hikaruland.co.jp　info@hikaruland.co.jp
振替　00180-8-496587
本文・カバー・製本　中央精版印刷株式会社
DTP　株式会社キャップス
編集担当　TakeCO

ISBN978-4-86742-141-3

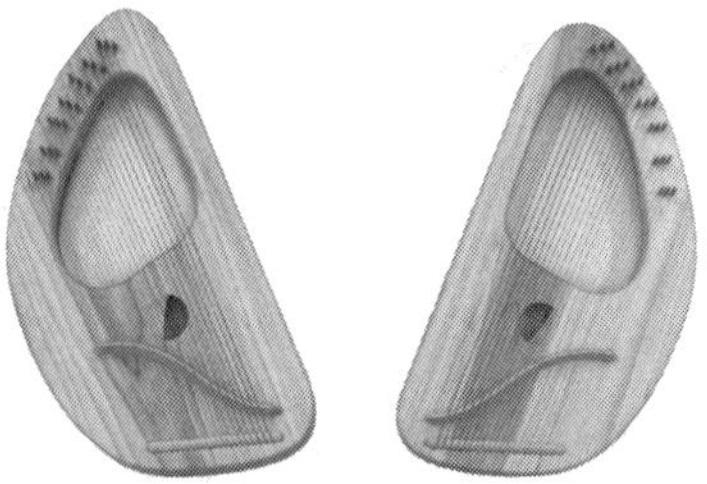

レムリアンハープ

330,000円（税込）

サイズ：長さ約 58㎝ × 横幅約 29㎝ × 厚さ約 5㎝

レムリアンハープのお申し込みはこちらの QR コードから→

まり子さんイベント案内

日程 2023年：5/29（月）、7/27（木）、9/29（金）、11/27（月）

◆レムリアン café 11:00~12:30

レムリア 最後の時に一緒にライアー（レムリアンハープ）を奏でていた仲間たち。あの時の約束の通り一緒に集い、語り、奏で逢いましょう。

←お申し込みはこちらの QR コードから

◆ソウルサウンドライアー・レムリアンハープ体験会 14:00~16:00

魂を揺り動かされてしまう人続出のこの楽器、ソウルサウンドライアー。ヒーリン小屋のソウルサウンドライアー、レムリアンハープをじっくり体験できる時間です。

←お申し込みはこちらの QR コードから

◆オーナー会 16:30~19:00

オーナーだからこその情報交換もいっぱい！　ヒーリン小屋は今、関東で１番の種類と台数を誇っています。
参加対象：ソウルサウンドライアー、レムリアンハープをお持ちの方、これからお迎えする予定の方。

←お申し込みはこちらの QR コードから

本といっしょに楽しむ ハピハピ♥ Goods&Life ヒカルランド

432Hzのレムリアンハープ
エオリアルは“調和”
クオリアルは“愛”
を響かせます。

エオリアル

天界の響きを地上に降ろすための、特別なハープ

クオリアル

心を込めて奏でたとき
美しくも素朴な響きが
あなたを通して地球全体に響き
高次に移行していくのを感じられることでしょう。

【エオリアル】

「エオリアル」の音階は、基音のAが432Hz時のC♯とG♯の完全5度でほぼ構成されています。完全5度の響きは純粋に透明で美しく、調和し共鳴しあえる関係の音です。

その心の余裕（スペース・宇宙）にヒラメキや直感として、天界からのメッセージがやってくるのです。「エオリアル」は、私たちにそのことを伝えたくてこの音を選んで生まれてきました。

【クオリアル】

「クオリアル」は、レムリアンハープの中でも、ドとレ#を3オクターブ半繰り返した、12音階的にはたった2つの音で構成されたライアーハープです。完全に響きあうオクターブの世界が2つ、個性的なまま調和する世界をお楽しみいただけます。それはまるで、女性と男性しかいない人類が、たくさんの美しい物語を地上に生み出しているよう。

イベント内容：（回によって多少異なる場合があります）

◉一部 13:00 〜 13:30

レムリアンハープが今この日本に生まれ落ちたワケ

（秋吉まり子先生を囲んでのお話し会となります）

◉二部 13:30 〜 15:00

レムリアンハープによる個人ヒーリング

（お話し会の席で椅子に座った形でのレムリアンハープヒーリング♪）

◉三部 15:30 〜 16:30

あなたに埋もれた天性のヒーリングアーティストを目覚めさせる

レムリアンハープ独奏会

（いらした方 にその場で レムリアンハープの演奏をしていただきます♪）

未来をアカシックレコードで見ていた?!
シュタイナーはなぜライアーの出現を予言していたのか？
それは、今、ここに生きる人々にぜったいに必要だからです。
波動ヒーリングの極致

ヒカルランド石井です♪　2022年４月２日、秋吉まり子先生の導きにより一台のライアーが自分のものになりました。スターシードと言うライアーです。

それも秋吉まり子さんに天より降りてきたチューニング　レムリアンクリスタル音階。この日からおそらく世界で一番、毎日ライアーを引き続けたその効果は、自分が最もわかっているつもりです。

時折しもコロナパンデミックの真っ最中、日月神示に「訳のわからん病流行るぞ。悪神の、悪のお役いよいよ盛んになる」とちゃんと出ていたのに、コロナとワクチンの裏での画策情報に心は乱れ、先々に暗い未来しか見えなくなっていた自分。もう世界は終わっちゃうよ。身魂の磨け具合が超中途半端でなっていなかった自分。

いっぱい日月神示の本を出版してきていてもその周章狼狽ぶりは目を覆うばかりでした。

秋吉まり子さんからのメッセージ

ルドルフ・シュタイナーは「天界での天使と悪魔の決着はもう、着いている」と話しています。

今、天使が勝利した天界のエネルギーが次々に降りてきています。レムリアンハープは、まさにそのエネルギーで出来ているのです。

天使の勝利は愛であり調和です。悪魔が愛の一部となったのです。それは、本来の宇宙のありかたそしてこれからの地球人のありかた。

私たちは、今まで幾多もの洗脳的状況に身を置いておりました。そこで産み出された怒りや不安、恐怖といった悪魔的感覚に身を委ねる地球人から、天界の（宇宙の）エネルギーを受けて愛と調和に満たされた地球人への進化が始まるのです。

この時代の大変革はその証拠！ シュタイナーは、言葉は女性の歌から始まったと話しています。レムリア時代内側から湧き上がる音楽を感じて歌うことで神を体験していたのでしょう。それは、クジラたちも同じ。彼らはイルカと共に私たちの進化を夢見てサポートするために歌を歌ってくれています。その感覚を思い出させてくれるのが“ソウルサウンドライアー”。

そして悪魔が天使的愛に溶かされ調和した天界のエネルギーとなって天から降ろされたのが“レムリアンハープ”。この楽器は石井社長の元に初めに行った“レムリアンクリスタル音階”のソウルサウンドライアーから産まれました。

今回は、新たな天界のエネルギーいっぱいの“レムリアンハープ”を聞いて感じて奏でて頂きます。このイベントは天使と悪魔のさらに上の、元の元の元の神との新しい良い関係を作る確実な一助となるでしょう。

壊れる　病に倒れる

そんないけない予感が脳裏をよぎったその時に、スターシード（レムリアンクリスタル音階）。その素晴らしい音色。弾くその指から、耳から入るその音色。身々全体を包むその音色。すべてを忘れさせてくれるその音色。もうこの音の中にずっと入っていたい。

あの日から今ちょうど２年経ちました。自分は病に倒れるどころか、なんだかんだで超健康体です♪　なによりも魂が別人のように強くなった。

「身魂（みたま）を磨け」日月神示はそうたびたびメッセージします。

言ってること　思ってること　やってること　この３つがそろった時に宇宙直列の元の元の元の神からのサポートが入るのです。

ライアーの音色の中に包まれているとき人は正直になります。嘘がつけなくなります。

魂の声が体の中で木霊します。古代のヒーリング機器の図柄はライアーそっくりです。

封印されてきたはずです。時代は封印を解く流れです。

一台のライアーがボクを救ってくれました。

それもライアーが本来のもつカラダへの響かせ。これが不十分であったのにもかかわらずです。

ライアー本来のポテンシャルは耳でなく身々に直接その波動を入れることです。教わることの苦手な自分は２年かかったけれど、この**「秋吉まり子のレムリアンハープヒーリング」**に参加すれば、もっともっと手短に激動の未来を超えていける強靭なタマシイが手に入るはずです♪

日月神示には「自分光れば世の中明るいぞ」そうあります♪「涙で笑って汗で喜べよ」ともあります♪　さあ、行動を起こすときは今、です♪

恩返し企画❷

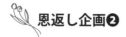

ソウルサウンドライアー制作ワークショップ 6 days　～ 2023 年も開催です！～
あなたの手から、生まれるソウルサウンドライアー！

まだまだ、多くのソウルサウンドライアーが、この地球に誕生したがっています。そして、その音をこの世に響かせる日を待ちわびています。

お申し込みは
こちらの QR
コードから→

提供：アカシャ美幸、アンドレアス・レーマン

日時：6days　2023 年 6/30 ～ 7/5

6 月30日（金）	13:00 ～ 18:00	自分が生み出すライアーと出会う！
7 月 1 日（土）	10:00 ～ 18:00	木と向き合い表面を彫る
7 月 2 日（日）	10:00 ～ 18:00	彫る作業
7 月 3 日（月）	10:00 ～ 18:00	彫り終えた方から、ニス塗り、弦はり
7 月 4 日（火）	10:00 ～ 18:00	それぞれのタイミングでライアー誕生
7 月 5 日（水）	10:00 ～ 17:00	生まれたライアーと仲良くなるためのオーナー会

料金①：16 万円（6 日間の場所代、講師指導料等含む）

料金②：受講者さんから直接、ユーロでアンドレアス・レーマン氏へ PayPal で支払いしてもらいます。1 ユーロ＝ 150 円での料金の目安です。

タオライアー	1,700 ユーロ	255,000 円
スターシード	1,700 ユーロ	255,000 円
コスモス	1,700 ユーロ	255,000 円
ステラ（桜）	1,200 ユーロ	180,000 円
ステラ（楓）	1,200 ユーロ	180,000 円
ガイア	2,000 ユーロ	300,000 円
グランドルフィン	2,700 ユーロ	405,000 円
ドルフィン	2,200 ユーロ	330,000 円
翼型ラーナ	2,000 ユーロ	300,000 円
ラーナ	1,700 ユーロ	255,000 円
ソルフェジオ	1,700 ユーロ	6 音 255,000 円
ソングオブガイア	2,000 ユーロ	300,000 円
ハートソング	1,700 ユーロ	255,000 円

恩返し企画❹

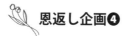

魂（あなた）の音が宇宙に溶けて・・・ひとつになる・・・
「宇宙（そら）の音　地球（ほし）の声」ワークショップ

講師 : アカシャ美幸

日時 :2days

2023 年 10 月 14 日（土）10:00 ～ 20:00

2023 年 10 月 15 日（日）10:00 ～ 18:00

料金 :60,000 円

定員 :12 名

場所 : ヒーリン小屋（Hi-Ringo Yah!）

東京都新宿区津久戸町３番１１号ＴＨ１ビル飯田橋１Ｆ

お申し込みはこちらの QR コードから

石、木、メタルでできた様々な打楽器、笛、手拍子、足拍子、声、そしてソウルサウンドライアーなど、いろんな音をご自身で奏でてみる体験をします。

初日は、「これどんな音かな?どうやって音を出すのかな?」「いま、音出してもいいかな?」「次は、どの音にしようかな」などなど、考えてしまうかもしれません。でも、これは序章です。だんだん何かが変わってきます。楽譜もなく、決まりもなく、指揮者もいません。唯一のルールは、音がはじまる前の静寂と、音が終わったあとの静寂に耳を澄ませること。お互いが、お互いを感じあい、空間を感じて響きあうことから生まれてくる音は、その瞬間の、二度と体験できない交響曲！　それこそが本当の音楽、魂の響き愛。思考を手放し、どっぷり音の世界に遊ぶ２日間。そのとき集うメンバーにより、テーマがあったり、自然と生まれてくる音があります。音のエネルギー、音ができることの醍醐味を感じていただける２日間となることでしょう。１日目の体験の後、休憩をはさんで、自由参加でソウルサウンドライアーの奏で方をお伝えする時間もあります。

ソウルサウンドライアーのオーナーさん、これから生み出してくださる方、お迎えしてくださる方には、大切な体験が満載です。特に、究極のヒーリングツールとして、2022 年の夏に誕生した一番新しい（そしておそらくこれが最後の）ソウルサウンドライアー「コスモス」を奏でていただくためには、このワークへの参加が必須となっています。コスモスに限らず、どのライアーも、音の繊細さを知らずに奏でると、危険でさえあるからです。音は究極の癒しをもたらすことができますが、間違えて使うと危険な道具になり得ることも知っていてほしいのです。

さあ、秋の週末、音の中で宇宙を旅し自分の魂の深淵に触れるひと時をご一緒しましょう。

前頁以外のライアーの制作がご希望の方は akashasong999@gmail.com または 090-7760-6354 アカシャ美幸さんまでお問合せください。なお、ご自身で PayPal 支払いができない方は、アカシャ美幸さんが振り込みを代行致します。

海外送金には消費税がつきませんが、日本国内での送金には消費税が加算されますので、ご了解のほどお願い致します。

場所：神楽坂 ヒカルランドみらくる 7F 及び 1F
〒 162-0805 東京都新宿区矢来町 111　サンドール神楽坂

定員：10 名

注意：申し込みをされるお客様はまずどのライアーにするのか決めていただきます。選択に迷う場合はアカシャ美幸さんの本『魂の音が聴こえる～ソウルサウンドライアーの響き～』にそれぞれのライアーの響きの音源（QR コード）がついていますので参考にしてください。

さらにヒカルランド 1F のヒーリン小屋（Hi-Ringo Yah!）にはほぼすべてのライアーが揃っております。平日 11:00 ～ 17:00 の間で弾いてもらえる時間を作りますのでこちらは相談ください。

恩返し企画❸

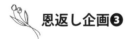

アカシャ美幸のライアーヒーリングフルセッション個人ヒーリング

1 時間 18,000 円　ライアー制作参加者は 1 時間 12,000 円

講師：アカシャ美幸

日時：6 月30日（金）① 15:00 ～　② 17:00 ～
7 月 1 日（土）① 11:00 ～　② 13:00 ～　③ 15:00 ～　④ 17:00 ～
7 月 2 日（日）① 11:00 ～　② 13:00 ～　③ 15:00 ～　④ 17:00 ～
7 月 3 日（月）① 11:00 ～　② 13:00 ～　③ 15:00 ～　④ 17:00 ～

お申し込みはこちらの QR コードから

料金：通常 18,000 円
特別 12,000 円（ライアー制作参加者）

場所：神楽坂 ヒカルランドみらくる１Ｆ 愛工房材杉の部屋
〒 162-0805 東京都新宿区矢来町 111　サンドール神楽坂

恩返し企画❷

ソウルサウンドライアー制作ワークショップ 6days 〜 2023年も開催です！〜

さらにあります、ボクが２年間人から教わることなくライアーから受け続けた恩恵をたった１時間で体得できる個人ヒーリング。そのイベントです。これももちろんアカシャ美幸さんだからこそ可能になることです。

恩返し企画❸

アカシャ美幸のライアーヒーリングフルセッション個人ヒーリング

そして４つ目これこそがライアーの真髄を伝える最も重要なセッション。そう、アカシャ美幸さんが伝えるものです。

恩返し企画❹

魂（あなた）の音が宇宙に溶けて・・・ひとつになる・・・

「宇宙（そら）の音　地球（ほし）の声」ワークショップ

この４つの恩返しイベントを通して、なぜライアーが魂の救い手であるのかバッチリ体感できることでしょう。

Akasha 美幸よりみなさんへのメッセージ

この地球（ほし）に降りてくるとき決めたことを覚えていますか？　それを実践していますか？　それとも、忘れていますか？　探していますか？　どこか遠くを探していませんか？

ソウルサウンドライアーは最初からそこにあってずっと変わらない何かを思いださせてくれる…。そんな響きなのかもしれません。

言葉では、語りつくせないその響きを魂（あなた）の響きを実際に、体感しにぜひ、ヒカルランドにいらしてください。

音が、私の音でもなくあなたの音でもなく　音　として　存在するとき

それは、光の波動になってあらゆるものとひとつになります。

そこにはなんの制約もなく永遠の時が刻まれています。

この初夏、ヒカルランドでそんな時をみなさんと過ごすことを、楽しみにしております。

Akasha 美幸

ヒカルランドが送る４つのライアー恩返し企画

ライアーは魂の救い手です♪　宇宙より深く魂の奥底に響く音ソウルサウンドライアーは誰もが奏でることができますが、宇宙より深く魂の奥底に響く音を鳴らすことのできる人はこの人しかいません。アカシャ美幸さんです♪

ライアーの音に魂から救われたオトコ、ヒカルランド石井です！

ライアーの音の中に身を沈めていなければ自分は壊れて重い病の床に伏していたと思われます。２年間ライアーをおそらく世界で一番つま弾いてきたボクだからこそ言えること。

ツインソウルに巡り会うその前の準備はまずライアーからです♪　魂を調律し心を整えなければうまくいくことはないようです！　ライアーを持っている人生とライアーを持っていない人生は遥かに違います♪

一番酷くなる場所で救うべき人を救う

この声が一本のレムリアンクリスタル（水晶）を握っていたとき脳裏にちゃんと声として響いたのです。その日からこのミッションをどうしたら果たせるのか心を離れたことはありません。今、自信を持って言えること「ライアーが差し伸べる救いの手に嘘偽りはない」。

魂を響かすその音は見知らぬ自分との邂逅。自分を許す音ライアー、自分を解放する音ライアー。ボクの魂を復活させ鍛え上げてくれたライアーのその音色に恩返しがしたい。

『魂の音が聴こえる〜ソウルサウンドライアーの響き〜』

ご購入はこちらの QR コードから→

その１つのカタチがこの本です♪　ライアーを日本に根付かせたアカシャ美幸さんに執筆を依頼したのです。売れるかな　儲かるかな　そんな想いを遥かに超えてライアーさんへの恩返し。それだけではまだ足りません。その次の音の恩返しです。

いく種類かあるソウルサウンドライアーをヒーリン小屋に揃えました。ほぼすべてのライアーがあります。それを皆さまに開放します。ボクが嘘を言ってるかどうか来て、見て、触って確かめて欲しいのです、そういうイベントです。

恩返し企画❶

ソウルサウンドライアーのひびき

宇宙とつながる、大地とつながる、自分の魂とつながる体験会

もう一つのイベントは実際にライアーを制作して自分のライアーを持てるようにすることです。このミッション恩返しをアカシャ美幸さんにお願いしました。めったにないチャンスです♪